상상 중국어 ①

시사중국어사

| | |
|---|---|
| 초판발행 | 2017년 3월 1일 |
| 1판 6쇄 | 2023년 2월 20일 |
| | |
| 저자 | 박흥수, 진윤영 |
| 편집 | 최미진, 가석빈, 엄수연, 高霞 |
| 펴낸이 | 엄태상 |
| 디자인 | 진지화 |
| 콘텐츠 제작 | 김선웅, 장형진 |
| 마케팅본부 | 이승욱, 왕성석, 노원준, 조성민, 이선민 |
| 경영기획 | 조성근, 최성훈, 정다운, 김다미, 최수진, 오희연 |
| 물류 | 정종진, 윤덕현, 신승진, 구윤주 |
| | |
| 펴낸곳 | 시사중국어사(시사북스) |
| 주소 | 서울시 종로구 자하문로 300 시사빌딩 |
| 주문 및 문의 | 1588-1582 |
| 팩스 | 0502-989-9592 |
| 홈페이지 | http://www.sisabooks.com |
| 이메일 | book_chinese@sisadream.com |
| 등록일자 | 1988년 2월 12일 |
| 등록번호 | 제300 - 2014 - 89호 |

ISBN 979-11-5720-079-5 14720
　　　 979-11-5720-078-8 (set)

＊ 이 책의 내용을 사전 허가 없이 전재하거나 복제할 경우 법적인 제재를 받게 됨을 알려 드립니다.
＊ 잘못된 책은 구입하신 서점에서 교환해 드립니다.
＊ 정가는 표지에 표시되어 있습니다.

# 머리말

### 중국어는 어렵다면서요?

주위에서 중국어에 대한 관심이 높아지면서 이런 질문을 많이 받습니다. 저는 이런 질문에 대해서 다음과 같이 대답해주곤 합니다. "중국어 어렵지 않아요."

중국의 대학에서 외국학생들에게 중국어를 가르치는 교수들은 전 세계에서 온 유학생들 중에 한국 학생들이 중국어를 제일 잘한다고 합니다. 그런데 왜 정작 한국의 중국어 학습자들은 중국어를 어렵다고 느끼는 것일까요? 그 이유는 중국어가 가지는 고유한 특성, 교수자의 교수방법, 학습자의 학습방법, 재미있고 학습하기 쉬운 교재의 부재 등등 여러 가지가 있을 수 있습니다.

본 교재는 한국의 학습자들이 느끼는 중국어가 어렵다는 생각을 버리고 쉽고 재미있게 중국어를 학습할 수 있게 하자는 동기에서 만들어졌습니다. 현장에서 학습자들에게 중국어를 가르쳐본 경험과 노하우를 토대로 철저한 연구 분석 과정을 거쳐 본 교재는 기획되고 집필되었습니다. 독자 여러분들은 상상上上 중국어와 함께 즐겁고 재미있는 중국어 학습 여행을 떠나시기만 하면 됩니다.

### 중국어는 어떻게 배워요?

이 책은 총 10과로 구성되어 있습니다. 제1과에서 중국어에 관한 간단한 상식과 중국어 발음을 배운 후, 제2과부터는 학습자가 단계적으로 중국어에 접근할 수 있도록 구성되어 있습니다. 여러분은 상상上上 중국어와 함께 한걸음씩 나아가다 보면 어느덧 기초과정을 졸업하고 중국어 고수의 문 앞에 서 있게 될 것입니다. 자 그럼 이 교재에서 제시하는 단계별 중국어 학습법에 대하여 살펴보도록 하겠습니다.

- **1단계:** Intro에서는 각 과에서 배울 내용을 간단하게 제시합니다.
- **2단계:** 머리에 쏙쏙! 새단어에서는 새 단어를 익힙니다.
- **3단계:** 입에서 술술! 회화에서는 회화1과 회화2의 학습을 통해 중국어로 말합니다.
- **4단계:** 실력이 쑥쑥! 문법에서는 회화에 나오는 기본적인 문법 학습을 통해 실력을 키웁니다.
- **5단계:** 중국어 UP!에서는 중국어의 다양한 표현과 단어 학습을 통해 실력을 UP 시킵니다.
- **6단계:** 마무리 쏙쏙! 연습문제에서는 연습문제 풀이를 통해 각 과의 학습내용을 점검합니다.
- **7단계:** 입에 착착! 발음연습에서는 발음연습을 통해 중국어의 기초를 단단하게 다집니다.
- **8단계:** 퀴즈퀴즈~에서는 현대 중국 사회와 문화에 대하여 상식을 넓혀갑니다.

중국어 속담에 "늦다고 탓하지 말고 멈추지 말자(不怕慢, 只怕站)"라는 말이 있습니다. 외국어 학습에서 중요한 것은 매일매일 조금씩이라도 멈추지 말고 꾸준히 하는 것입니다. 여러분들이 상상上上 중국어를 손에서 놓지 않고 쉬지 않고 가다보면 어느새 중국어가 입에서 술술, 실력이 쑥쑥, 나의 중국어 실력이 크게 UP 되어 있는 것을 발견하게 될 것입니다.

저자 박홍수, 김윤영

## 차 례

- 머리말 — 3
- 차례 — 4
- 수업계획표 — 6
- 이 책의 특징 — 8
- 들어가기 - 중국어 공부는 어떻게 할까요? — 10

**Unit 01** 중국어 입문 — 12
중국어와 중국어 발음

**Unit 02** 你好! — 22
Nǐ hǎo!
안녕하세요?

**Unit 03** 我叫朴信爱。 — 34
Wǒ jiào Piáo Xìn'ài.
제 이름은 박신애입니다.

**Unit 04** 你吃什么? — 46
Nǐ chī shénme?
당신은 무엇을 먹나요?

**Unit 05** 我喜欢看电影。 — 58
Wǒ xǐhuan kàn diànyǐng.
저는 영화 보는 것을 좋아해요.

| Unit 06 | 你家有几口人?<br>Nǐ jiā yǒu jǐ kǒu rén?<br>가족이 몇 명이에요? | 70 |

| Unit 07 | 你的生日是几月几号?<br>Nǐ de shēngrì shì jǐ yuè jǐ hào?<br>당신의 생일은 몇 월 며칠이에요? | 82 |

| Unit 08 | 现在几点?<br>Xiànzài jǐ diǎn?<br>지금 몇 시예요? | 94 |

| Unit 09 | 多少钱?<br>Duōshao qián?<br>얼마예요? | 106 |

| Unit 10 | 百货商店在哪儿?<br>Bǎihuòshāngdiàn zài nǎr?<br>백화점이 어디에요? | 118 |

- 문법 정리하기　　130

- 해석 및 정답　　140

# 수업계획표

| 수업차시 | 주제 | | 학습내용 | |
|---|---|---|---|---|
| 1주차 | Unit 01 | 중국어란? | 중국어 공부법과 중국어 기초 상식<br>중국어 발음1 | |
| 2주차 | | | 중국어 발음2 | |
| 3주차 | Unit 02 | 你好! | 회화 1 | 인사하고 헤어지기 |
| | | | 회화 2 | 아침 인사하고 안부 묻기 |
| | | | 문법 | 인칭대명사 / 인사말 你好！再见！你好吗? /<br>你呢? / 정도부사 '很' / 还可以。 |
| | | | 표현 더하기 + | 다양한 인사 표현 |
| | | | 단어 더하기 + | 시간 명사 / 다양한 인칭대명사 |
| | | | 발음연습 | 제1성 + 1성, 2성, 3성, 4성, 경성<br>제2성 + 1성, 2성, 3성, 4성, 경성 |
| 4주차 | Unit 03 | 我叫朴信爱。 | 회화 1 | 이름과 국적 묻고 대답하기 |
| | | | 회화 2 | 처음 만나서 이름 묻기 |
| | | | 문법 | 동사 '是' / 부정부사 '不' / 의문조사 '吗' /<br>의문대명사 '什么'와 '哪' / 부사 '也' |
| | | | 표현 더하기 + | 자기소개 |
| | | | 단어 더하기 + | 각 나라의 명칭 / 의문대명사 |
| | | | 발음연습 | 제3성 + 1성, 2성, 3성, 4성, 경성<br>제4성 + 1성, 2성, 3성, 4성, 경성 |
| 5주차 | Unit 04 | 你吃什么? | 회화 1 | 먹는 것에 대해 이야기하기 |
| | | | 회화 2 | 사물에 대해 이야기하기 |
| | | | 문법 | 동사술어문 / 형용사술어문 / 정반의문문 /<br>지시대명사 / 怎么样? |
| | | | 표현 더하기 + | 동사, 형용사술어문은 이렇게! |
| | | | 단어 더하기 + | 자주 사용하는 동사 / 형용사 |
| | | | 발음연습 | 3음절 단어 |
| 6주차 | Unit 05 | 我喜欢看电影。 | 회화 1 | 취미에 대해 이야기하기 |
| | | | 회화 2 | 좋아하는 계절에 대해 이야기하기 |
| | | | 문법 | 你的爱好是什么? / 조사 '的' / 동사 '喜欢' /<br>부사 '太', '不太', '比较' |
| | | | 표현 더하기 + | 동사 喜欢 |
| | | | 단어 더하기 + | 여러 가지 취미 / 계절과 날씨 |
| | | | 발음연습 | 4음절 단어 |
| 7주차 | | | 워크북 Unit 02~05 / 문법편 1~5 복습 | |
| 8주차 | | | 중간고사 | |

| 수업차시 | 주제 | | 학습내용 | |
|---|---|---|---|---|
| 9주차 | Unit 06 | 你家有几口人? | 회화 1 | 가족 수와 가족구성원 이야기하기 |
| | | | 회화 2 | 직업과 나이 묻고 대답하기 |
| | | | 문법 | 동사 有 / 양사 / 你做什么工作? / 나이 표현 |
| | | | 표현 더하기 + | 숫자를 읽어보아요! |
| | | | 단어 더하기 + | 직업을 나타내는 단어 / 학용품과 사무용품 |
| | | | 발음연습 | 잰말놀이 1 |
| 10주차 | Unit 07 | 你的生日是<br>几月几号? | 회화 1 | 날짜 묻고 대답하기 |
| | | | 회화 2 | 생일 묻고 대답하기 |
| | | | 문법 | 날짜와 요일 묻기 几月几号? 星期几? /<br>날짜와 요일 말하기 / 祝你生日快乐! |
| | | | 표현 더하기 + | 계획 이야기하기 |
| | | | 단어 더하기 + | 띠를 나타내는 단어 / 생일 선물 |
| | | | 발음연습 | 날짜 말하기 |
| 11주차 | Unit 08 | 现在几点? | 회화 1 | 시간 묻고 답하기 |
| | | | 회화 2 | 주말 계획에 대해 말해보기 |
| | | | 문법 | 시간 표현 / 조동사 '要', '想' / 연동문 / 조사 '吧' |
| | | | 표현 더하기 + | 연동문 |
| | | | 단어 더하기 + | 장소를 나타내는 단어 / 장소 관련 단어 |
| | | | 발음연습 | 시간 말하기 |
| 12주차 | Unit 09 | 多少钱? | 회화 1 | 가격 묻고 흥정하기 |
| | | | 회화 2 | 가격 묻고 잔돈 받기 |
| | | | 문법 | 화폐단위 / 一点儿 / 又……又…… / 동사 중첩 |
| | | | 표현 더하기 + | 화폐단위 |
| | | | 단어 더하기 + | 가격 및 구매를 나타내는 단어 /<br>맛을 나타내는 단어 |
| | | | 발음연습 | 가격 말하기 |
| 13주차 | Unit 10 | 百货商店<br>在哪儿? | 회화 1 | 길의 방향 묻고 답하기 |
| | | | 회화 2 | 교통수단에 대해 이야기하기 |
| | | | 문법 | 在哪儿? / 개사 '往' / 동사 '坐' / 개사 '离' /<br>시점과 시량 |
| | | | 표현 더하기 + | 길 안내 |
| | | | 단어 더하기 + | 방향에 관한 단어 / 교통수단을 나타내는 단어 |
| | | | 발음연습 | 잰말놀이 2 |
| 14주차 | 워크북 Unit 06~10 / 문법편 06~10 복습 | | | |
| 15주차 | 기말고사 | | | |

# 이 책의 특징

▶ **Unit 01. 중국어 입문**
중국어에 대한 기초 상식과 중국어를 배울 때 가장 중요한 발음에 대해 간단명료하게 정리하였습니다. 이 부분에서 발음을 간단히 배우고, 각 과의 발음연습에서 확실하게 잡으세요.

▶ **Intro.**
각 과의 주제에 맞는 단어를 가볍게 제시하여 함께 이야기 나누어 보는 코너입니다. 어떤 내용을 배울지에 대해서도 생각하고 지나갈 수 있습니다.

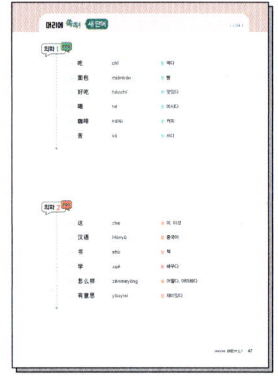

▶ **머리에 쏙쏙! 새단어**
회화1, 회화2에 새로 나온 단어를 보여줍니다. 미리 학습하고 지나가면 회화가 쉽게 느껴지고 학습 효과도 높일 수 있습니다.

▶ **입에서 술술! 회화1,2**
주제에 맞는 간단한 회화문을 학습합니다. 간단하지만 활용도가 높은 회화만을 담았습니다. 표현 Tip에 등장하는 내용도 꼼꼼히 학습하세요!

▶ **실력이 쑥쑥! 문법**
실력을 키울 수 있는 문법 코너입니다. 간단하지만 핵심을 찌르는 설명으로 실용 예문과 함께 중국어 문법을 확실하게 학습해볼 수 있습니다.

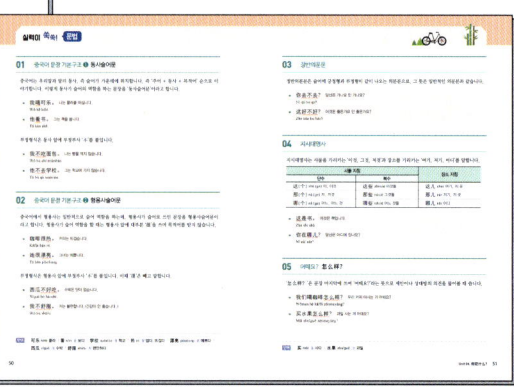

▶ **중국어 UP! 표현 더하기⁺/단어 더하기⁺**
주제에 따른 추가 표현과 추가 단어를 배웁니다. 추가 표현으로 연습을 더하고, 주제별 단어로 실력을 더하세요.

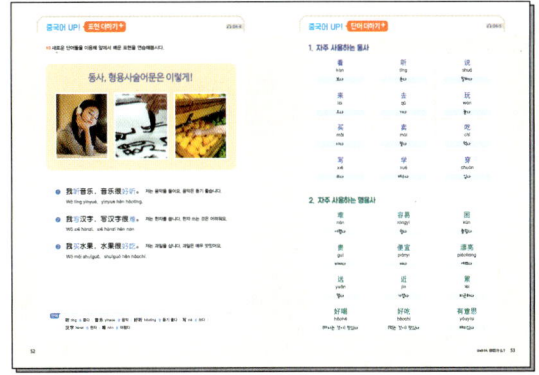

▶ **마무리 쓱쓱! 연습문제**
난이도에 맞춘 쉽고 간단하지만 꼭 필요한 문제로 한 과를 마무리해볼 수 있습니다.

▶ **입에 착착! 발음연습**
Unit 01에서 배운 발음을 지루하지 않게 조금씩, 다양하게 연습하고 넘어갈 수 있습니다. 각 과의 주제에 맞는 단어 및 문장으로 발음을 연습함으로써 자연스럽게 한 과를 마무리할 수 있습니다.

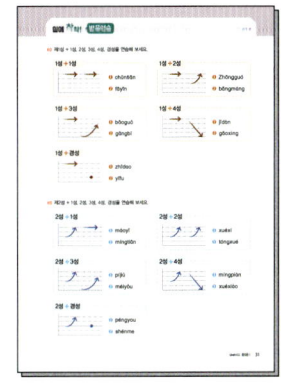

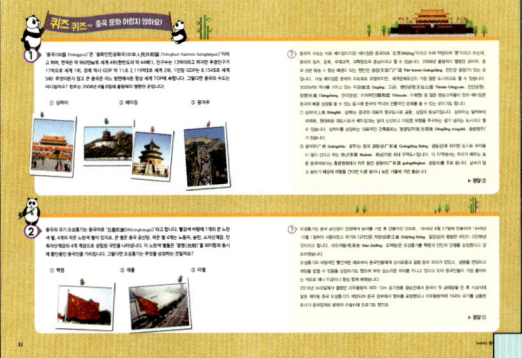

▶ **퀴즈퀴즈~ 중국 문화 어렵지 않아요!**
중국 문화를 좀 더 쉽고 효과적으로 배우는 방법! 이렇게 퀴즈로 풀면 가능합니다! 지루하고 뻔한 내용보다는 재미있고 실용적인 문화 퀴즈가 가득합니다!

▶ **문법 정리**
본 교재에 나온 굵직한 문법을 10개로 정리했습니다. 궁금한 문법은 바로바로 확인하면서 학습하고 이해해보세요.

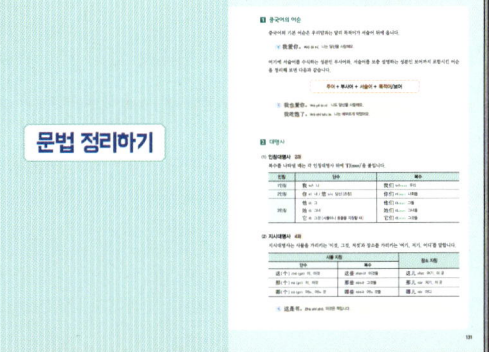

# 중국어 공부는 어떻게 할까요?

**Q1** 중국어에는 성조가 있어서 어렵다던데요?

**A** 중국어에는 각 글자마다 음의 높낮이에 따른 고유의 성조가 있습니다. 우리말에는 없는 것이기 때문에 어렵지 않을까 걱정하는 분이 많은데요, 어렵다 생각 말고 성조는 큰 소리로 정확히 따라 읽어 보세요. 무조건 외우는 것보다는 여러 번 읽어 입에 익게 하면 훨씬 외우기도 쉽고 또 귀에 익숙해지면, 노래하는 것처럼 재미있답니다.

**Q2** 그럼, 글자 하나하나에 있는 성조를 다 외워야 하나요?

**A** 중국어의 한자는 영어의 알파벳, 일본어의 히라가나, 한국어의 한글과 같이 음을 나타내는 표음(表音)문자가 아니라 한자 하나하나가 각각의 뜻을 가지고 있고 의미를 나타내는 표의(表意)문자입니다. 뜻을 나타내므로, 각 한자의 발음은 따로 외워야 합니다. '동녘 東자는 [d-o-n-g 1성]' 이렇게 외우시는 분도 계시지만, 중국어는 글자와 소리를 바로 연결시켜 공부하는 것이 좋습니다.

'我'라는 글자를 보면서 [我, w-o, 3성]이 아니라 '我'는 [워어 ↗]라는 소리 자체를 기억하는 겁니다. 발음의 기초가 잘 되어있다면, '我'라는 글자를 만나면 [워어 ↗]라고 외웠던 소리가 머릿속에 기억이 나겠죠. 그럼, 그 소리를 그대로 손으로 쓰고 입으로 말할 수도 있을 겁니다.

**Q3** 그 많은 한자를 다 외워야 하나요?

**A** 중국어를 처음 접하는 분들은 한자에 부담을 느끼는 경우가 많습니다. 한눈에 보기에도 복잡하고 그래서 쓰기도 힘들고 어려워 보이지요. 그러나 중국어 단어에는 한국의 한자어와 뜻도 같으면서 발음도 비슷한 것이 많아서, 한자를 익히는 것이 한국어 능력에 오히려 도움이 될 때가 많습니다. 그리고 오늘날의 중국어는 간체자라고 해서 평소 알고 있는 한자보다 쉽게 쓰고 익힐 수 있게 되어 있으니 더 걱정할 필요 없겠지요? 일반적으로 2,000~2,500자 정도의 상용한자만 외운다면 일상생활에 있어서 전혀 지장을 받지 않습니다. 조금만 더 노력해보자고요!

**Q4** 말하기는 어떻게 연습하나요?

**A** 먼저 소리에 익숙해지는 것부터 시작하세요. 녹음을 여러 번 반복해서 들으면서, 유행가를 따라 부르듯이 중얼중얼 따라 하다 보면 문장의 억양과 분위기까지 익숙해집니다. 한어병음(발음기호)을 보면서 여러 번 읽어 소리가 익숙해졌으면, 그 다음에는 한어병음을 가리고 글자만 보면서 익힌 소리로 읽어 보세요. 또한 평상시 늘 중국어로 말하고 생각하는 습관을 갖도록 노력하고 책에 있는 문장을 그대로 외워서 사용하는 것도 하나의 방법입니다.

# Unit 01

# 중국어 입문

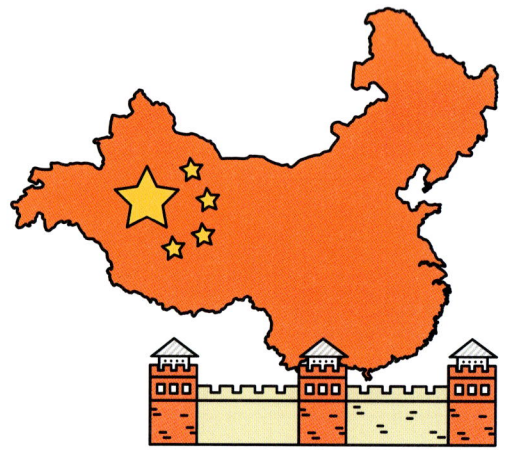

## Intro.

"중국어는 영어랑 어순이 비슷해서 금방 배운대요!"

"중국어는 성조랑 한자 때문에 어렵다고 하던데요?"

중국어를 처음 시작하는 여러분들이 가장 많이 하는 질문입니다. 중국어는 어떤 언어일까요? 배우고 익히기가 정말 어려운 걸까요? Unit 01에서는 중국어에 관한 기초 상식과 발음, 성조에 대해서 배워보도록 합니다.

# 1 중국어 기초 상식

**1. 한어(汉语 : Hànyǔ)란 무엇인가요?**

중국인들은 자신들의 나랏말을 가리킬 때, '중국어'라고 하기보다는 인구의 90% 이상을 차지하는 한족(漢族)의 언어라는 뜻에서 '한어'라고 부릅니다.

**2. 보통화(普通话 : pǔtōnghuà)는 뭘 뜻할까요?**

'북경 지방의 말소리를 표준음으로 하고 북방 방언을 기초방언으로 하며 모범적인 현대 구어체 소설을 문법적인 기준'으로 제정한 표준어를 '보통화'라고 부릅니다. 보통화는 '보편적으로 통용되는 말'이라는 뜻으로, 즉 우리가 앞으로 배울 중국 표준어가 바로 보통화입니다.

**3. 간체자(简体字 : jiǎntǐzi)는 무엇인가요?**

중국에서 사용하는 한자의 약자(略字)를 '간체자'라고 합니다. 중국 한자의 필획을 줄여서 학습의 부담을 덜어보려는 시도에서 '간체자'를 만들었습니다. 원래의 획순을 그대로 가지고 있는 우리나라와 타이완의 한자는 번체자(繁体字 fántǐzì)라고 합니다.

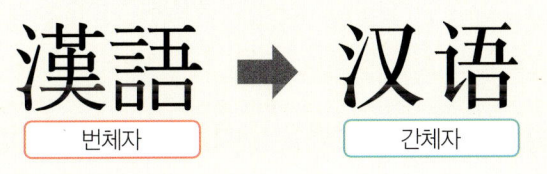

**4. 중국어 발음은 어떻게 표기하나요?**

중국어의 발음은 '한어병음방안'을 기준으로 표기하는데, 이 한어병음방안(**汉语拼音方案** : **Hànyǔ Pīnyīn Fāng'àn**)이란, 1958년에 중국 정부에서 제정한 중국어 발음 표기 방식으로서, 중국어를 보다 쉽게 배우게 하기 위해 로마자 기호에 성조 부호를 붙여서 중국어의 발음을 표기한 것을 말합니다.

**5. 중국어 발음은 어떻게 구성될까요?**

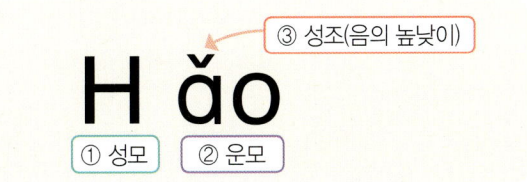

## 2 중국어 발음 구성

### 1. 성조  🎧 01-1

성조는 음의 높낮이로 의미를 구별하는 작용을 합니다. 중국어에는 4가지 높낮이의 성조가 있고, 이것을 각각 제1성, 제2성, 제3성, 제4성이라고 부릅니다.

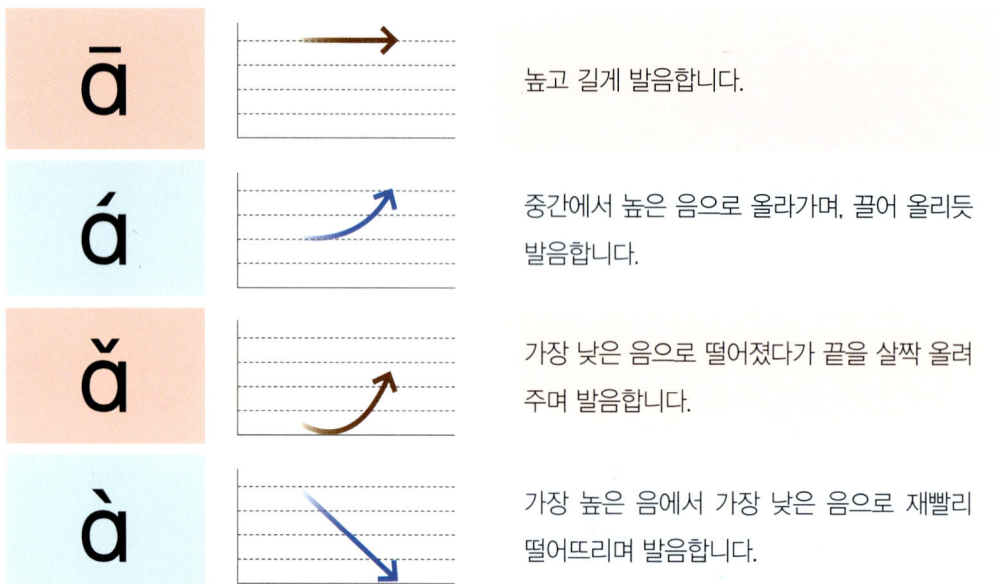

이 외에도 짧고 가볍게 발음하는 '경성'이라는 것이 있는데, 경성의 높이는 앞에 오는 음절의 높이에 따라 변화하는 상대적인 높이입니다. 경성에는 성조 표시를 하지 않습니다.

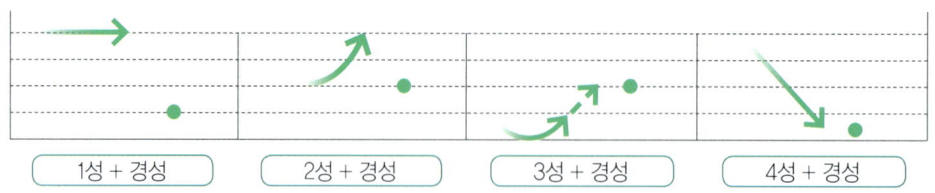

**주의!** 성조는 의미를 변별해주는 역할을 가지고 있으니 주의해야 합니다.  🎧 01-2

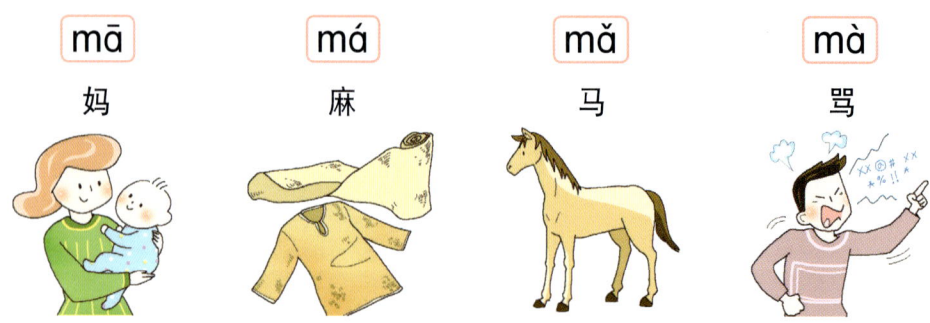

## 성조 연습

🎧 01-3

❶ 녹음을 들으면서 각 성조에 유의하여 큰 소리로 따라 읽으세요.

|  | → | ↗ | ↘↗ | ↘ |
|---|---|---|---|---|
| a | ā | á | ǎ | à |
| ya | yā | yá | yǎ | yà |
| an | ān | án | ǎn | àn |
| ni | nī | ní | nǐ | nì |
| hao | hāo | háo | hǎo | hào |
| xiao | xiāo | xiáo | xiǎo | xiào |

❷ 녹음을 들으면서 각 성조에 유의하여 큰 소리로 따라 읽으세요.

- **māma** 妈妈 엄마
- **yéye** 爷爷 할아버지
- **wǒmen** 我们 우리들
- **bàba** 爸爸 아빠

- **gēge** 哥哥 형/오빠
- **péngyou** 朋友 친구
- **nǐmen** 你们 당신들
- **dìdi** 弟弟 남동생

**주의!** 성조부호의 표기 위치에 주의하세요!

### a > o, e > i, u

❶ 모음이 하나이면 모음 위에 ▶ nǐ, zhè
❷ a가 있으면 무조건 a 위에 ▶ hǎo, xiāo
❸ a가 없으면 e나 o 위에 ▶ xué, dōu
❹ i와 u가 함께 있으면 뒷모음 위에 ▶ liù, guì
❺ i 위에 쓸 경우는 위의 점은 생략 ▶ yī, dì

## 2. 운모 🎧 01-4

우리말의 모음과 비슷한 것으로 기본적인 운모에는 [a], [o], [e], [i], [u], [ü]가 있습니다.

| | | |
|---|---|---|
| 단운모 | a | 우리말의 '아'처럼 발음합니다. |
| | o | '오'와 '어'의 중간발음입니다. |
| | e | '으어'라고 발음합니다. ('어'로 발음되지 않도록 합니다.) |
| | i | 입을 좌우로 당겨 우리말의 '이'처럼 발음합니다.<br>(앞에 오는 성모에 따라 '으'처럼 발음하는 경우도 있습니다.) |
| | u | 입을 둥글게 모으고 우리말의 '우'처럼 발음한다. |
| | ü | 입을 둥글게 모으고, 우리말의 '위'처럼 발음합니다. |
| 복운모 | ai | 우리말의 '아이'처럼 발음합니다. |
| | ei | 우리말의 '에이'처럼 발음합니다. ('으어이'로 발음하지 않도록 주의합니다.) |
| | ao | 우리말의 '아오'처럼 발음합니다. (뒤의 [o]는 짧고 약하게 발음합니다.) |
| | ou | 우리말의 '오우'와 '어우'의 중간처럼 발음합니다.<br>(첫 발음 [o]를 '오'라고 발음하지 않도록 주의하며, '어우-'라고 발음합니다.) |
| 비음운모 | an | 우리말의 '안'처럼 발음합니다. |
| | en | 우리말의 '언'처럼 발음합니다. |
| | ang | 우리말의 '앙'처럼 발음합니다. |
| | eng | 우리말의 '엉'처럼 발음합니다. |
| | ong | 우리말의 '옹'과 '웅'의 중간처럼 발음합니다. |
| 권설운모 | er | 혀끝을 살짝 올려 우리말의 '얼'처럼 발음합니다. |

### 성조 연습 🎧 01-5

녹음을 들으면서 각 성조에 유의하여 큰 소리로 따라 읽으세요.

❶ ā    ái    ǎo    àn    āng
❷ ō    ó    ǒu    òng
❸ è    éi    ēn    ěng    ér

## 3. 결합운모 🎧 01-6

결합운모란 단운모 [i], [u], [ü]와 결합된 운모를 말합니다.

| | | |
|---|---|---|
| **[i]와 결합** | ia (ya) | 우리말의 '이아'처럼 발음합니다. |
| | ie (ye) | 우리말의 '이에'처럼 발음합니다.<br>('이으어'로 발음하지 않도록 주의합니다.) |
| | iao (yao) | 우리말의 '이아오'처럼 발음합니다. |
| | iou (you) | 우리말의 '이어우'처럼 발음합니다. |
| | ian (yan) | 우리말의 '이앤'처럼 발음합니다.<br>('이안'으로 발음하지 않도록 주의합니다.) |
| | in (yin) | 우리말의 '인'처럼 발음합니다. |
| | iang (yang) | 우리말의 '이앙'처럼 발음합니다. |
| | ing (ying) | 우리말의 '잉'처럼 발음합니다. |
| | iong (yong) | 우리말의 '이옹'처럼 발음합니다. |
| **[u]와 결합** | ua (wa) | 우리말의 '우아'처럼 발음합니다. |
| | uo (wo) | 우리말의 '우오'와 '우어'의 중간처럼 발음합니다. |
| | uai (wai) | 우리말의 '우아이'처럼 발음합니다. |
| | uei (wei) | 우리말의 '우에이'처럼 발음합니다. |
| | uan (wan) | 우리말의 '우안'처럼 발음합니다. |
| | uen (wen) | 우리말의 '우언'처럼 발음합니다. |
| | uang (wang) | 우리말의 '우앙'처럼 발음합니다. |
| | ueng (weng) | 우리말의 '우엉'처럼 발음합니다. |
| **[ü]와 결합** | üe (yue) | 우리말의 '위에'처럼 발음합니다<br>('위으어'로 발음하지 않도록 주의합니다.) |
| | ün (yun) | 우리말의 '윈'처럼 발음합니다. |
| | üan (yuan) | 우리말의 '위앤'처럼 발음합니다.<br>('위안'으로 발음하지 않도록 주의합니다.) |

**주의!** 한어병음 표기 시 주의하세요!

❶ [u]로 시작하는 음절: [u]를 [w]로 바꾸어 표기합니다.

❷ [i]로 시작하는 음절: [i]를 [y]로 바꾸어 표기합니다.

❸ [ü]로 시작하는 음절: [ü]를 [yu]로 바꾸어 표기합니다.

❹ [ü]가 j, q, x, y 뒤에 쓰일 때: 위의 두 점을 쓰지 않고 [u]로 표기합니다.
   예   j + ü ➡ ju     q + ü ➡ qu     x + ü ➡ xu     y + ü ➡ yu

❺ [iou]가 성모와 만나면 [iu]로 표기합니다.
   예   j + iou ➡ jiu (九)

❻ [uei]가 성모와 만나면 [ui]로 표기합니다.
   예   d + uei ➡ dui (对)

❼ [uen]이 성모와 만나면 [un]으로 표기합니다.
   예   ch + uen ➡ chun (春)

### 성조 연습          🎧 01-7

녹음을 들으면서 각 성조에 유의하여 큰 소리로 따라 읽으세요.

| | | | | |
|---|---|---|---|---|
| ❶ | yī | yá | yě | yào |
| ❷ | yān | yáng | yǐng | yòng |
| ❸ | wū | wá | wǒ | wèi |
| ❹ | wān | wén | wǎng | wèng |
| ❺ | yūn | yú | yuǎn | yuè |

## 4. 성모  🎧 01-8

우리말의 첫소리 자음에 해당하며 음절의 첫 부분에 위치합니다.

| 윗입술과 아랫입술을 붙였다 떼면서 내는 음 ([o]를 붙여 읽음) | |
|---|---|
| b [bo] | 우리말의 'ㅂ, ㅃ'처럼 발음하며, '뽀어-'라고 읽습니다. |
| p [po] | 우리말의 'ㅍ'처럼 발음하며, '포어-'라고 읽습니다. |
| m [mo] | 우리말의 'ㅁ'처럼 발음하며, '모어-'라고 읽습니다. |

| 영어의 'f'처럼 윗니를 아랫입술에 살짝 대면서 내는 음 ([o]를 붙여 읽음) | |
|---|---|
| f [fo] | 우리말의 'ㅍ'과 'ㅎ'처럼 발음하며, '포(호)어-'라고 읽습니다. |

| 혀끝을 입천장 끝에 붙였다 떼면서 내는 음 ([e]를 붙여 읽음) | |
|---|---|
| d [de] | 우리말의 'ㄷ, ㄸ'처럼 발음하며, '뜨어-'라고 읽습니다. |
| t [te] | 우리말의 'ㅌ'처럼 발음하며, '트어-'라고 읽습니다. |
| n [ne] | 우리말의 'ㄴ'처럼 발음하며, '느어-'라고 읽습니다. |
| l [le] | 우리말의 'ㄹ'처럼 발음하며, '르어-'라고 읽습니다. |

| 혓바닥 앞면을 굳은입천장에 붙이거나 접근시켜 내는 음 ([e]를 붙여 읽음) | |
|---|---|
| g [ge] | 우리말의 'ㄱ, ㄲ'처럼 발음하며, '끄어-'라고 읽습니다. |
| k [ke] | 우리말의 'ㅋ'처럼 발음하며, '크어-'라고 읽습니다. |
| h [he] | 우리말의 'ㅎ'처럼 발음하며, '흐어-'라고 읽습니다. |

| 혓바닥 앞면을 굳은입천장에 붙이거나 접근시켜 내는 음 ([i]를 붙여 읽음) | |
|---|---|
| j [ji] | 우리말의 'ㅈ'처럼 발음하며, '지'라고 읽습니다. |
| q [qi] | 우리말의 'ㅊ'처럼 발음하며, '치'라고 읽습니다. |
| x [xi] | 우리말의 'ㅅ'처럼 발음하며, '시'라고 읽습니다. |

| 혀끝을 윗니 뒷벽으로 밀면서 내는 음 ([i]를 붙여 읽음. 발음은 '으'로 함) | |
|---|---|
| z [zi] | 우리말의 'ㅉ'처럼 발음하며, '쯔'라고 읽습니다. |
| c [ci] | 우리말의 'ㅊ'처럼 발음하며, '츠'라고 읽습니다. |
| s [si] | 우리말의 'ㅆ'처럼 발음하며, '쓰'라고 읽습니다. |

| 혀끝을 살짝 들어올려 굳은입천장에 대거나 가까이 하여 내는 음 ([i]를 붙여 읽음. 발음은 '으'로 함) | |
|---|---|
| zh [zhi] | 우리말의 'ㅈ, ㅉ'처럼 발음하며, '즈'라고 읽습니다. |
| ch [chi] | 우리말의 'ㅊ'처럼 발음하며, '츠'라고 읽습니다. |
| sh [shi] | 우리말의 'ㅅ'처럼 발음하며, '스'라고 읽습니다. |
| r [ri] | 우리말의 'ㄹ'처럼 발음하며, '르'라고 읽습니다. |

## 성조 연습

🎧 01-9

❶ 녹음을 들으면서 각 성조에 유의하여 큰 소리로 따라 읽으세요.

1.

|   | o | ao | en |
|---|---|---|---|
| b | bō | bǎo | běn |
| p | pò | pǎo | pēn |
| m | mó | mào | mén |

2.

|   | a | ou | an |
|---|---|---|---|
| f | fā | fǒu | fàn |

3.

|   | e | ie | eng |
|---|---|---|---|
| d | dé | diē | děng |
| t | tè | tiě | téng |
| n | nē | niè | néng |
| l | lè | liè | lěng |

4.

|   | i | ia | ian |
|---|---|---|---|
| j | jì | jiā | jiǎn |
| q | qī | qiǎ | qián |
| x | xī | xià | xiān |

5.

|   | e | ai | en |
|---|---|---|---|
| g | gē | gǎi | gēn |
| k | kè | kāi | kěn |
| h | hē | hái | hěn |

6.

|   | i | ou | ong |
|---|---|---|---|
| z | zì | zǒu | zǒng |
| c | cì | cǒu | cóng |
| s | sì | sǒu | sōng |

7.

|   | i | uo | an |
|---|---|---|---|
| zh | zhǐ | zhuō | zhāng |
| ch | chī | chuǒ | cháng |
| sh | shì | shuō | shàng |
| r | rì | ruó | ràng |

❷ 녹음을 들으면서 각 성조에 유의하여 큰 소리로 따라 읽으세요.

- zǎoshang　早上 아침
- Hánguó　韩国 한국
- kāfēi　咖啡 커피
- yǒuyìsi　有意思 재미있다
- juéde　觉得 느끼다
- xuéxiào　学校 학교
- qúnzi　裙子 치마
- niúnǎi　牛奶 우유
- chūntiān　春天 봄
- huì　会 ~할 수 있다

- xièxie　谢谢 감사합니다
- Zhōngguó　中国 중국
- miànbāo　面包 빵
- piàoliang　漂亮 예쁘다
- qù　去 가다
- júzi　橘子 귤
- xià xuě　下雪 눈이 내리다
- duìbuqǐ　对不起 죄송합니다
- liù　六 6, 육
- jiéhūn　结婚 결혼하다

# Unit 02

# 你好!
Nǐ hǎo!
안녕하세요?

## Intro.

중국어로 인사는 어떻게 할까요? 한 번 쯤은 들어봤을법한 '你好!', '你好吗?'는 도대체 어떤 인사표현일까요? 또한 중국어에는 어떠한 다양한 인사표현들이 있을까요? 이번 과에서는 자주 사용되는 인사표현들을 배워보도록 합시다.

### 인사와 관련된 단어

你 nǐ [대] 너 | 好 hǎo [형] 좋다, 안녕하다 | 再 zài [부] 다시 | 见 jiàn [동] 만나다

### 의문문과 관련된 단어

吗 ma [조] ~입니까? [의문 어기조사] | 呢 ne [조] ~는요? [의문 어기조사]

# 머리에 쏙쏙! 새 단어

## 회화 1

| 你 | nǐ | 대 | 너 |
| 好 | hǎo | 형 | 좋다, 안녕하다 |
| 再 | zài | 부 | 다시 |
| 见 | jiàn | 동 | 만나다 |

## 회화 2

| 早上 | zǎoshang | 명 | 아침 |
| 吗 | ma | 조 | ~입니까? [의문 어기조사] |
| 我 | wǒ | 대 | 나 |
| 很 | hěn | 부 | 매우 |
| 呢 | ne | 조 | ~는요? [의문 어기조사] |
| 还 | hái | 부 | 그만하면, 그런대로 |
| 可以 | kěyǐ | 동 | 좋다, 괜찮다 |
| 谢谢 | xièxie | | 감사합니다 |

## 입에서 술술! 회화 1

🎧 02-2

### 💬 인사하고 헤어지기

A 你好!
Nǐ hǎo!

B 你好!
Nǐ hǎo!

A 再见!
Zài jiàn!

B 再见!
Zài jiàn!

---

**표현 Tip**

▶ '好'는 '좋다'라는 뜻의 형용사!

'好'는 원래 '좋다'라는 뜻으로, 무언가가 좋다고 이야기할 때 '好'라고 할 수 있습니다. 그러나 인사표현에서 '好'는 '안녕하다'라는 뜻이 있어서 '你好!'는 시간이나 장소에 관계없이 모든 사람들에게 인사말로 사용할 수 있습니다.

## 입에서 술술! 회화 2

🎧 02-3

💬 **아침 인사하고 안부 묻기**

**A** 早上好!
Zǎoshang hǎo!

**B** 早上好! 你好吗?
Zǎoshang hǎo! Nǐ hǎo ma?

**A** 我很好! 你呢?
Wǒ hěn hǎo! Nǐ ne?

**B** 还可以, 谢谢。
Hái kěyǐ, xièxie.

### 표현 Tip

**1** 중국인들은 아침에 간단하게 '早(Zǎo)'라고만 인사하기도 합니다. 다음의 표현 모두 아침 인사입니다.

- 早! / 早上好! / 你早!
  Zǎo! / Zǎoshang hǎo! / Nǐ zǎo!

**2** 시간대에 따라 '好' 앞에 시간사를 바꿔서 인사할 수 있습니다.

- 下午好! (오후 인사)
  Xiàwǔ hǎo!

- 晚上好! (저녁 인사)
  Wǎnshang hǎo!

**단어** 下午 xiàwǔ 명 오후 | 晚上 wǎnshang 명 저녁

## 실력이 쑥쑥! 문법

### 01 인칭대명사

중국어에서 '나, 너, 그, 그녀'처럼 사람을 지칭하는 단어를 '인칭대명사'라고 합니다. 중국어의 인칭대명사는 다음 표와 같으며, 복수를 나타낼 때는 각 인칭대명사 뒤에 '们(men)'을 붙입니다.

| 인칭 | 단수 | 복수 |
|---|---|---|
| 1인칭 | 我 wǒ 나 | 我们 wǒmen 우리 |
| 2인칭 | 你 nǐ 너 / 您 nín 당신 [존칭] | 你们 nǐmen 너희들 |
| 3인칭 | 他 tā 그<br>她 tā 그녀<br>它 tā 그것 [사물이나 동물을 지칭할 때] | 他们 tāmen 그들<br>她们 tāmen 그녀들<br>它们 tāmen 그것들 |

### 02 중국어의 가장 흔한 인사말 你好!

'你好!'는 가장 많이 사용되는 인사말입니다. '你(너)'의 자리에 다른 대상을 넣어서 인사할 수 있습니다.

- 老师好! 선생님 안녕하세요?
  Lǎoshī hǎo!

- 大家好! 여러분 안녕하세요?
  Dàjiā hǎo!

### 03 또 만나요! 再见!

'再见'은 '再(zài) 다시, 또' + '见(jiàn) 보다, 만나다'가 합쳐진 말로, '见' 앞에 다른 단어들을 써서 인사표현을 달리 할 수 있습니다.

- 明天见! 내일 봐요!
  Míngtiān jiàn!

- 周末见! 주말에 봐요!
  Zhōumò jiàn!

---

단어  老师 lǎoshī 명 선생님, 스승 | 大家 dàjiā 대 모두 | 明天 míngtiān 명 내일 | 周末 zhōumò 명 주말

## 04    안부를 묻는 표현  你好吗?

'你好!'는 '안녕하세요?'라는 뜻의 인사말이지만 '你好吗?'는 상대방의 안부를 묻는 표현입니다. 따라서 처음 보는 사람에게 인사를 할 때에 '你好吗?'는 사용하지 않습니다.

## 05    당신은요?  你呢?

'呢'는 무엇을 묻는지 확실해, 내용상 반복되는 부분을 생략하고 물을 때 '呢'만 붙여 의문문을 만들 수 있습니다.

## 06    '매우'라는 뜻의 정도부사 '很'

'很'은 원래 '매우'라는 뜻을 가진 부사로 형용사 앞에 쓰여 정도를 표현합니다. 그러나 '매우'라는 뜻을 강조하지 않아도 중국사람들은 형용사 앞에 습관적으로 '很'을 붙여 이야기합니다.

- 中国很大。　중국은 크다.
  Zhōngguó hěn dà.
- 早上很冷。　아침에는 춥다.
  Zǎoshang hěn lěng.

의문문으로 사용할 경우에는 형용사 앞에 정도부사 '很'을 붙이지 않아도 됩니다.

- 中国大吗?　중국은 큽니까?
  Zhōngguó dà ma?
- 早上冷吗?　아침에는 춥습니까?
  Zǎoshang lěng ma?

## 07    안부인사에 대한 대답  还可以。

'还可以。'는 안부인사에 대한 대답으로, '그럭저럭 괜찮다'는 의미입니다.

---

**단어**  中国 Zhōngguó 지 중국 | 大 dà 형 (부피·면적 등이) 크다, 넓다 | 冷 lěng 형 춥다, 차다

## 중국어 UP! 표현 더하기 ➕

🎧 02-4

▶▶ 새로운 단어들을 이용해 앞에서 배운 표현을 연습해봅시다.

### '你好！'만 알면 손해 – 다양한 인사 표현

**A** 谢谢！ 감사합니다!
Xièxie!

**B** 不客气！ 천만에요!
Bú kèqi!

**A** 对不起！ 죄송합니다!
Duìbuqǐ!

**B** 没关系！ 괜찮아요!
Méi guānxi!

> **Tip** '不客气！(Bú kèqi!)'는 '아니다'는 뜻의 부정부사 '不(bù)'를 사용하여 '不谢！(Bú xiè!)'로, '没关系！(Méi guānxi!)'는 '没事！(Méi shì!) (일이 아니다)'이라는 표현으로 바꿔서 말할 수 있습니다.

## 중국어 UP! 단어 더하기 +

### 1. 시간 명사

| 早晨 zǎochen | 早上 zǎoshang | 上午 shàngwǔ | 中午 zhōngwǔ |
|---|---|---|---|
| 새벽 | 아침 | 오전 | 정오 |

| 下午 xiàwǔ | 晚上 wǎnshang | 夜晚 yèwǎn | 深夜 shēnyè |
|---|---|---|---|
| 오후 | 저녁, 밤 | 밤, 야간 | 심야 |

### 2. 다양한 인칭대명사

| 爷爷 yéye | 奶奶 nǎinai | 爸爸 bàba | 妈妈 māma |
|---|---|---|---|
| 할아버지 | 할머니 | 아빠 | 엄마 |

| 哥哥 gēge | 姐姐 jiějie | 弟弟 dìdi | 妹妹 mèimei |
|---|---|---|---|
| 형, 오빠 | 누나, 언니 | 남동생 | 여동생 |

| 姑母 gūmǔ | 姑夫 gūfu | 姨母 yímǔ | 姨夫 yífu |
|---|---|---|---|
| 고모 | 고모부 | 이모 | 이모부 |

| 叔叔 shūshu | 叔母 shūmǔ | 兄弟姐妹 xiōngdìjiěmèi | |
|---|---|---|---|
| 작은아버지, 삼촌 | 작은어머니, 숙모 | 형제자매 | |

# 마무리 쏙쏙! 연습문제

**1.** 빈칸에 알맞은 글자와 발음을 써 넣으세요.

① ☐ 上   zǎo_____   ② ☐ 上   wǎn_____

③ 不 ☐ 气!   Bú_____qi!   ④ ☐ 不起!   _____buqǐ!

**2.** 다음 그림에 해당하는 내용을 넣어 대화를 완성한 후, 옆 사람과 대화해보세요.

①

A 你好!
　Nǐ hǎo!

B _____!
　　_____!

②

A 早上好!
　Zǎoshang hǎo!

B _____!
　　_____!

③

A 再见!
　Zài jiàn!

B _____!
　　_____!

## 입에 착착! 발음연습 🎧 02-6

>> 제1성 + 1성, 2성, 3성, 4성, 경성을 연습해 보세요.

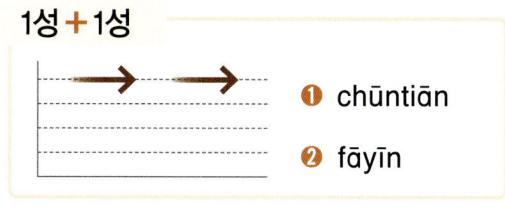

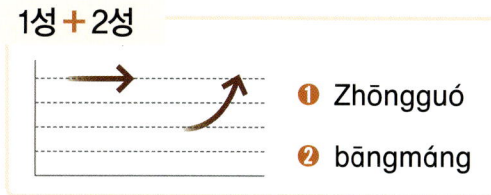

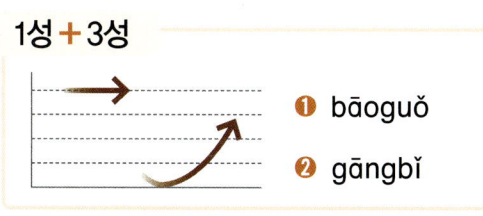

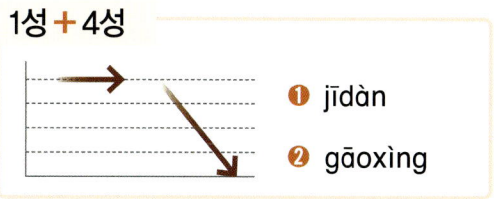

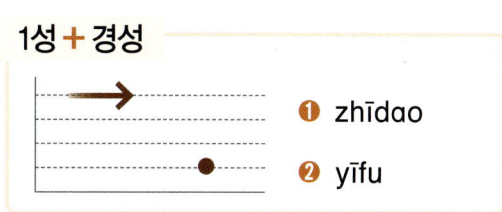

>> 제2성 + 1성, 2성, 3성, 4성, 경성을 연습해 보세요.

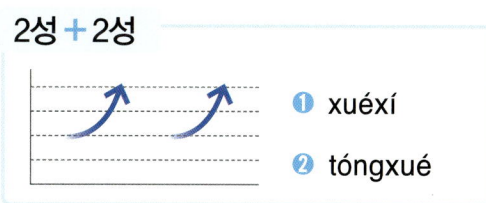

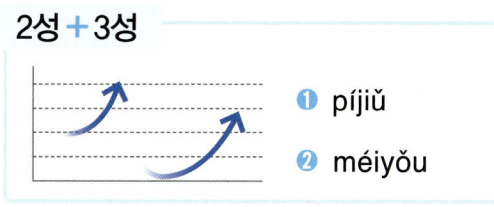

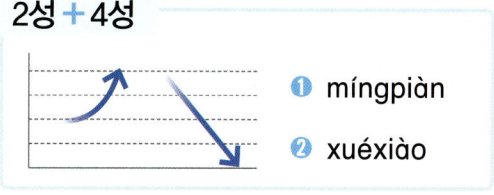

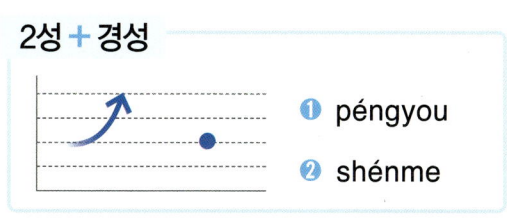

## 퀴즈 퀴즈~ 중국 문화 어렵지 않아요!

**1** '중국(中国 Zhōngguó)'은 '중화인민공화국(中华人民共和国 Zhōnghuá Rénmín Gònghéguó)'이라고 합니다. 면적은 약 960만㎢로 세계 4위(한반도의 약 44배!), 인구수는 13억이라고 하지만 추정인구가 17억으로 세계 1위, 경제 역시 GDP 약 11조 2119억$로 세계 2위, 1인당 GDP는 8154$로 세계 5위로 무엇이든지 많고 큰 중국은 어느 방면에서든 항상 세계 TOP에 속합니다. 그렇다면 중국의 수도는 어디일까요? 힌트는 2008년 8월 8일에 올림픽이 열렸던 곳입니다!

① 상하이　　　② 베이징　　　③ 광저우

**2** 중국의 국기 오성홍기는 중국어로 '五星紅旗(Wǔxīnghóngqí)'라고 합니다. 빨간색 바탕에 1개의 큰 노란색 별, 4개의 작은 노란색 별이 있지요. 큰 별은 중국 공산당, 작은 별 4개는 노동자, 농민, 소자산계급, 민족자산계급의 4개 계급으로 성립된 국민을 나타냅니다. 이 노란색 별들은 '광명(光明)'을 의미함과 동시에 황인종인 중국인을 가리킵니다. 그렇다면 오성홍기는 무엇을 상징하는 것일까요?

① 혁명　　　② 재물　　　③ 이별

32

? 중국의 수도는 바로 ② 베이징이지요! 베이징은 중국어로 '北京(Běijīng)'이라고 하며 약칭하여 '京'이라고도 하는데, 바로 중국의 정치, 문화, 국제교역, 과학창조의 중심이라고 할 수 있습니다. 2008년 올림픽이 열렸던 곳이자, 중국 관련 방송 시 항상 배경이 되는 '톈안먼 광장(天安门广场 Tiān'ānmén Guǎngchǎng; 천안문 광장)'이 있는 곳입니다. 사실 베이징은 중국의 수도로도 유명하지만, 세계문화유산이 가장 많은 도시라고도 할 수 있습니다. 3000년의 역사를 가지고 있는 꾸궁(故宫 Gùgōng; 고궁), 톈탄공원(天坛公园 Tiāntán Gōngyuán; 천단공원), 창청(长城 Chángchéng; 만리장성), 이허위안(颐和园 Yíhéyuán; 이화원) 등 많은 명승고적들이 있어 베이징은 중국의 빠른 성장을 볼 수 있는 동시에 중국의 역사와 전통적인 문화를 볼 수 있는 곳이기도 합니다.

① 상하이(上海 Shànghǎi; 상해)는 중국의 대표적 항구도시로 금융, 상업의 중심지입니다. 상하이는 일찍부터 국제화, 현대화된 대도시로서 베이징과는 달리 신선하고 다양한 유행을 추구하는 생기 넘치는 도시라고 할 수 있습니다. 상하이를 상징하는 대표적인 건축물로는 '둥팡밍주(东方明珠 Dōngfāng míngzhū; 동방명주)'가 있습니다.

③ 광저우(广州 Guǎngzhōu; 광주)는 중국 광둥성(广东省 Guǎngdōng Shěng; 광동성)에 위치한 도시로 부자들이 많이 산다고 하는 화난(华南 Huánán; 화남)지방 최대 무역도시입니다. 이 지역에서는 우리가 배우는 표준 중국어보다는 홍콩영화에서 자주 듣던 광둥어(广东话 guǎngdōnghuà; 광동어)를 주로 씁니다. 날씨가 덥고 습하기 때문에 여행을 간다면 이른 봄이나 늦은 가을에 가면 좋습니다.

▶ 정답 ②

? 오성홍기는 중국 공산당이 전쟁에서 승리를 거둔 후 만들어진 것으로, 1949년 9월 27일에 만들어져 1949년 10월 1일부터 사용되었고 국기의 디자인은 저장성(浙江省 Zhèjiāng Shěng; 절강성)의 평범한 국민이 고안해낸 것이라고 합니다. 마오저뚱(毛泽东 Máo Zédōng; 모택동)은 오성홍기를 혁명과 인민의 단결을 상징한다고 강조하였습니다.

오성홍기의 바탕색인 빨간색은 예로부터 중국인들에게 상서로움과 길함 등의 의미가 있었고, 생명을 연장하고 재앙을 없앨 수 있음을 상징하기도 했으며 부와 성스러움의 의미를 지니고 있다고 믿어 중국인들이 가장 좋아하는 색으로 예나 지금이나 항상 함께 해왔습니다.

2016년 브라질에서 열렸던 리우올림픽 여자 10m 공기권총 결승전에서 중국이 첫 금메달을 딴 후 시상식에 잘못 제작된 중국 오성홍기가 게양되어 중국 정부에서 항의를 표명했으나 리우올림픽에 각국의 국기를 납품한 회사가 중국업체로 밝혀져 구설수에 오르기도 했지요.

▶ 정답 ①

# 我叫朴信爱。

Wǒ jiào Piáo Xìn'ài.

제 이름은 박신애입니다.

## Intro.

상대방과 처음 만났을 때 어떻게 인사하고, 어떻게 자신을 소개할까요? 또 상대방의 국적에 대해서는 어떻게 물어볼까요? 이번 과에서는 처음 만난 사람에게 인사하고 자신을 소개할 때에는 어떻게 말해야 하는지 배워보도록 합니다.

### 이름과 국적 관련 단어

叫 jiào 동 (이름을) ~라 부르다 | 什么 shénme 대 무엇 | 名字 míngzi 명 이름 | 人 rén 명 사람

### 처음 만났을 때 하는 인사와 관련된 단어

认识 rènshi 동 알다 | 高兴 gāoxìng 형 기쁘다

## 머리에 쏙쏙! 새 단어  🎧 03-1

**회화 1**

| 叫 | jiào | 동 (이름을) ~라 부르다 |
|---|---|---|
| 什么 | shénme | 대 무엇 |
| 名字 | míngzi | 명 이름 |
| 是 | shì | 동 ~이다 |
| 中国 | Zhōngguó | 지 중국 |
| 人 | rén | 명 사람 |
| 不 | bù | 부 (동사·형용사·기타 부사 앞에 쓰여) 부정을 나타냄 |
| 韩国 | Hánguó | 지 한국 |

**회화 2**

| 贵 | guì | 형 귀하다, 높다 |
|---|---|---|
| 姓 | xìng | 동 성이 ~이다 |
| 认识 | rènshi | 동 알다 |
| 高兴 | gāoxìng | 형 기쁘다 |
| 也 | yě | 부 ~도, 역시 |

## 입에서 술술! 회화 1

🎧 03-2

### 이름과 국적 묻고 대답하기

**A** 你叫什么名字?
Nǐ jiào shénme míngzi?

**B** 我叫朴信爱。
Wǒ jiào Piáo Xìn'ài.

**A** 你是中国人吗?
Nǐ shì Zhōngguórén ma?

**B** 不是，我是韩国人。
Bú shì, wǒ shì Hánguórén.

---

### 표현 Tip

▶ 이름을 물어볼 때는 동사 '叫'를 사용해요!

우리는 '이름이 뭐예요?'라고 하면 '你的名字是什么? (당신의 이름은 무엇입니까?)'라고 생각할 수 있는데요, 중국어에서는 자신의 이름은 상대방이 더 많이 부르는 것이기 때문에 이름을 물을 때는 동사 '叫(부르다)'를 사용합니다. 즉, '당신은 어떤 이름으로 불리나요?'라는 뜻으로 '你叫什么名字? '라고 묻습니다.

동사 '叫'는 '부르다'라는 뜻이 있어서 '他叫你。(Tā jiào nǐ.)'처럼 '그가 당신을 부르네요.'라고 사용할 수도 있습니다.

## 입에서 술술! 회화 2

🎧 03-3

### 처음 만나서 이름 묻기

A 您贵姓?
Nín guì xìng?

B 我姓李，叫李立成。
Wǒ xìng Lǐ, jiào Lǐ Lìchéng.

A 认识您很高兴。
Rènshi nín hěn gāoxìng.

B 我也很高兴。
Wǒ yě hěn gāoxìng.

### 표현 Tip

▶ '您贵姓?'도 이름을 묻는 표현이에요.

'您贵姓?'은 상대방의 이름을 정중하게 묻는 표현입니다. 비즈니스 석상이나 어르신들께 성함을 여쭤볼 때 주로 사용되며, 일반적으로 상대방의 이름을 물을 때는 '你叫什么名字? (Nǐ jiào shénme míngzi?)' 라고 합니다.

## 실력이 쑥쑥! 문법

### 01  '~입니다' 동사 '是'

'是(shì)'는 '~이다'라는 뜻의 동사로 'A + 是 + B(A는 B이다)'의 형태로 사용됩니다.

- 我是韩国人。  저는 한국인이에요.
  Wǒ shì Hánguórén.

- 我是学生。  나는 학생이에요.
  Wǒ shì xuésheng.

- 她是老师。  그녀는 선생님입니다.
  Tā shì lǎoshī.

### 02  '아니에요' 부정부사 '不'

'不(bù)'는 형용사나 동사 앞에 놓여 부정문을 만듭니다.

| 형용사, 동사 | 부정형식 |
|---|---|
| 好 hǎo 형 좋다 | 不好 bù hǎo 안 좋다 |
| 高兴 gāoxìng 형 기쁘다 | 不高兴 bù gāoxìng 기쁘지 않다 |
| 去 qù 동 가다 | 不去 bú qù 안 가다 |
| 是 shì 동 ~이다 | 不是 bú shì ~이 아니다 |

**Tip**
'不'는 성조변화가 있는데, 원래 4성이지만 4성 글자 앞에서는 2성으로, 1,2,3성 글자 앞에 놓일 때는 원래 성조인 4성으로 발음됩니다.

### 03  '~인가요?' 의문문을 만드는 '吗'

의문문을 만들 때는 문장 마지막에 '吗(ma)'를 붙이면 됩니다.

- 她是韩国人吗?  그녀는 한국인인가요?
  Tā shì Hánguórén ma?

- 爸爸是老师吗?  아빠는 선생님이신가요?
  Bàba shì lǎoshī ma?

- 你不是学生吗?  당신은 학생이 아닌가요?
  Nǐ bú shì xuésheng ma?

---

**단어**  学生 xuésheng 명 학생 | 去 qù 동 가다 | 爸爸 bàba 명 아빠

## 04 의문대명사 '什么'와 '哪'

'什么(shénme)'는 '무엇, 무슨'이라는 뜻의 의문대명사입니다. '什么'를 사용해서 의문문을 만들 때에는 뒤에 '吗'를 따로 또 붙이지 않습니다.

- 你说什么? 당신 뭐라고 이야기했어요?
  Nǐ shuō shénme?

- 她要什么? 그녀는 무엇을 원하나요?
  Tā yào shénme?

- 这是什么? 이것은 무엇인가요?
  Zhè shì shénme?

'哪(nǎ)' 역시 의문대명사로 '어느'라는 의미를 나타냅니다. '什么'와 마찬가지로 '哪'도 의문대명사이므로 의문문을 만들 때 뒤에 '吗'를 붙이지 않습니다.

- 你要哪个? 당신은 어느 것을 원하나요?
  Nǐ yào nǎ ge?

- 哪个是茶? 어느 것이 차인가요?
  Nǎ ge shì chá?

- 你是哪国人? 당신은 어느 나라 사람인가요?
  Nǐ shì nǎ guó rén?

> **Tip**
> '个'는 본래 4성이지만 문장 안에서 경성으로 읽힙니다.

★ 哪 관련 문장 ▶ 5과 참조

## 05 '~도, 역시' 부사 '也'

'也(yě)'는 '~도, 역시'라는 의미의 부사로 동사나 형용사 앞에 놓입니다.

- 我也很好。 저 역시 잘 지내요.
  Wǒ yě hěn hǎo.

- 爸爸也是老师。 아빠도 선생님입니다.
  Bàba yě shì lǎoshī.

- 她也是韩国人。 그녀도 한국사람이에요.
  Tā yě shì Hánguórén.

---

단어 | 说 shuō 동 말하다 | 要 yào 동 원하다 | 这 zhè 대 이것 | 哪 nǎ 대 무엇, 어느 것 | 个 ge 양 개, 사람, 명 [개개의 사람이나 물건에 쓰임] | 茶 chá 명 차

## 중국어 UP! 표현 더하기 ➕   🎧 03-4

>> 새로운 단어들을 이용해 앞에서 배운 표현을 연습해봅시다.

### 처음 만났을 때는? – 자기소개

**❶ 我来自我介绍一下。** 제 소개를 하겠습니다.
Wǒ lái zìwǒ jièshào yíxià.

**❷ 这是我的名片。** 이것은 제 명함입니다.
Zhè shì wǒ de míngpiàn.

**❸ 请多多关照。** 잘 부탁 드립니다.
Qǐng duōduō guānzhào.

**Tip** '请多多关照。(Qǐng duōduō guānzhào.)'는 다른 표현으로 '请多多指教。(Qǐng duōduō zhǐjiào.)'라고 합니다.

**단어**
来 lái 동 어떤 동작을 하다 [의미가 구체적인 동사를 대체함] | 自我 zìwǒ 대 자기 자신 | 介绍 jièshào 동 소개하다 | 的 de 조 ~의 [명사 뒤에서 관형어 역할을 함] | 名片 míngpiàn 명 명함 | 请 qǐng 동 청하다, 부탁하다 | 多多 duōduō 부 널리, 많이 | 关照 guānzhào 동 돌보다, 보살피다

## 중국어 UP! 단어 더하기 ➕   🎧 03-5

### 1. 각 나라의 명칭

| 美国 Měiguó | 日本 Rìběn | 法国 Fǎguó |
|---|---|---|
| 미국 | 일본 | 프랑스 |

| 英国 Yīngguó | 德国 Déguó | 加拿大 Jiānádà |
|---|---|---|
| 영국 | 독일 | 캐나다 |

| 意大利 Yìdàlì | 俄罗斯 Éluósī | 台湾 Táiwān |
|---|---|---|
| 이탈리아 | 러시아 | 타이완, 대만 |

| 墨西哥 Mòxīgē | 埃及 Āijí | 印度 Yìndù |
|---|---|---|
| 멕시코 | 이집트 | 인도 |

### 2. 의문대명사

| 什么 shénme | 哪 nǎ | 谁 shéi / shuí | 几 jǐ |
|---|---|---|---|
| 무엇 | 어느 | 누구 | 몇 |

| 怎么 zěnme | 多少 duōshao | 为什么 wèishénme | 什么时候 shénme shíhou |
|---|---|---|---|
| 어떻게, 어째서, 왜 | 얼마 | 왜 | 언제 |

## 마무리 쓱쓱! 연습문제

**1.** 빈칸에 알맞은 글자와 발음을 써 넣으세요.

① 中◻ _____guó  ② ◻字 míng_____

③ ◻国 Hán_____  ④ 高◻ _____xìng

**2.** 다음 그림에 해당하는 내용을 넣어 대화를 완성한 후, 옆 사람과 대화해보세요.

①

A 你叫什么名字?
 Nǐ jiào shénme míngzi?

B 我叫_____。
 Wǒ jiào _____.

②

A 你是哪国人?
 Nǐ shì nǎ guó rén?

B 我是_____。
 Wǒ shì _____.

③

A 你是日本人吗?
 Nǐ shì Rìběnrén ma?

B _____, 我是_____。
 _____, wǒ shì _____.

## 입에 착착! 발음연습 🎧 03-6

▶▶ 제3성 + 1성, 2성, 3성, 4성, 경성을 연습해 보세요.

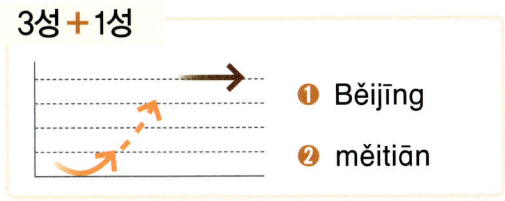

3성 + 1성
① Běijīng
② měitiān

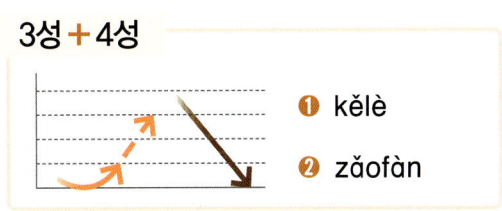

3성 + 2성
① Měiguó
② lǚxíng

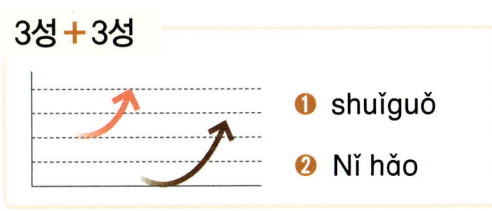

3성 + 3성
① shuǐguǒ
② Nǐ hǎo

3성 + 4성
① kělè
② zǎofàn

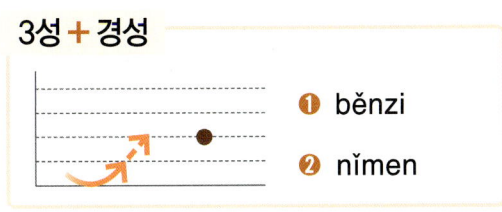

3성 + 경성
① běnzi
② nǐmen

**Tip**
제3성은 1성, 2성, 4성, 경성의 앞에서 발음 중 뒷부분이 생략된 '반3성'으로 발음합니다. 또한 제3성이 연이어 나올 때에는 앞의 3성은 제2성으로 성조가 변합니다.

▶▶ 제4성 + 1성, 2성, 3성, 4성, 경성을 연습해 보세요.

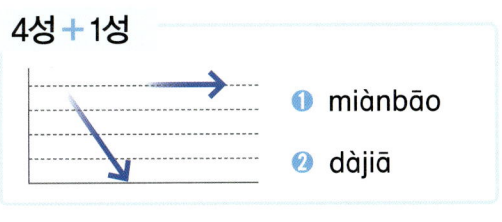

4성 + 1성
① miànbāo
② dàjiā

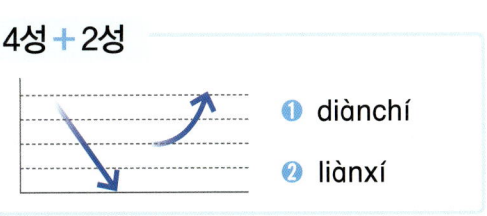

4성 + 2성
① diànchí
② liànxí

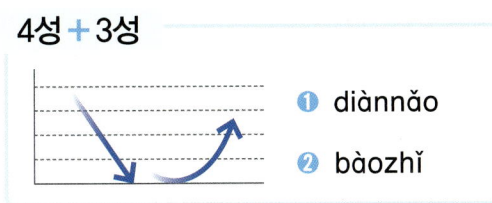

4성 + 3성
① diànnǎo
② bàozhǐ

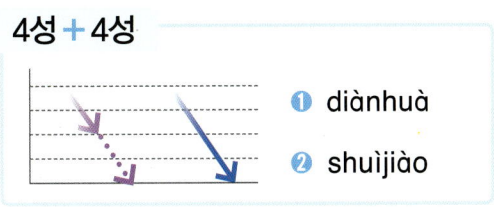

4성 + 4성
① diànhuà
② shuìjiào

4성 + 경성
① dìdi
② bàba

**Tip**
제4성 뒤에 또 다른 4성이 올 때, 앞의 4성은 끝까지 다 읽지 않고 반만 4성으로 읽습니다.

## 퀴즈 퀴즈~ 중국 문화 어렵지 않아요!

**1** 흔히 중국을 생각하면 '크다', '많다' 외에 아마 '빨간색'을 연상하는 분이 많을 텐데요, 도대체!! 왜!! 중국사람들은 빨간색을 좋아할까요? 가장 큰 이유는 바로 빨간색이 특권과 부를 상징하기 때문이랍니다. 그래서 명절이든 결혼식이든, 중요한 날에는 모두 빨간색이 사용됩니다. 중국에서는 결혼식 축의금을 빨간색 봉투에 넣어서 주는데, 이때 빨간색 봉투는 중국어로 무엇이라고 할까요?

① 红包 (hóngbāo)　　② 蓝包 (lánbāo)　　③ 白包 (báibāo)

**2** 중국은 모조품의 천국이라고도 불립니다. 베이징이든 상하이이든, 주요 도시에는 이름만 대면 알 정도의 대규모 짝퉁 시장이 버젓이 장사를 하고 있기도 하지요. 여기서 퀴즈! 중국의 이러한 짝퉁을 가리키는 단어는 무엇일까요?

① 山头 (shāntóu)　　② 山寨 (shānzhài)　　③ 山林 (shānlín)

? 고대 중국의 황족들은 빨간색을 숭배하였고, 빨간색은 특권이라고 여겨 일정계급만이 빨간색을 사용할 수 있었습니다. 여러분들이 잘 아시는 '자금성(紫禁城 Zǐjìnchéng)'은 '자색 외에는 금지하는 성'이라는 뜻인데요, 바로 빨간색을 사용할 수 있는 일정계급만 출입이 가능했던 성이었음을 알 수 있지요. 또한 역사적으로 보면, 유방(刘邦)이 한(汉)나라를 세울 때 스스로를 '적색 황제의 아들(赤帝之子 chìdìzhīzǐ)'이라고 칭하며 황제가 되었는데, 중국인들이 이때부터 빨간색을 숭배했다는 이야기도 있습니다. 이외에도 빨간색은 악귀를 쫓아주고 행운을 가져다주는 색이라고 믿기에 빨간색은 명절이든 결혼식이든, 심지어 시위를 할 때에도 사용된답니다.

①번 '훙바오(红包 hóngbāo)'가 '붉은 봉투'를 뜻하는 말로 중국에서는 세뱃돈이나 결혼식 축의금을 줄 때 붉은색 종이봉투에 넣어주는 관습이 있습니다. 봉투에 돈을 넣어서 주는 경우는 거의 대부분 훙바오를 사용한다고 보면 되며, 봉투에는 대부분 '福(fú)'자나 '吉(jí)'자가 새겨져 있습니다. 전통적인 훙바오에서 벗어나 최근에는 '微信(Wēixìn, 위챗-중국판 카카오톡)'에서도 이 '红包' 서비스가 등장했는데요, 바로 디지털 세뱃돈이라고 보면 됩니다. '훙바오' 주고받기를 통해 서로 돈을 이체하는데, 이 이체 서비스 기능에 중국의 전통풍습인 '红包' 기능을 삽입해 더욱더 정감 있게 만들었지요. 영어로는 'lucky money'라고 하고 자신의 위챗 계정과 연동시켜놓으면 손쉽게 돈을 이체할 수 있습니다.

우리나라에서 축의금을 줄 때 사용되는 흰 봉투는 중국에서는 장례식 때 사용하므로 경사에는 사용하지 않도록 주의해야 합니다.

▶ 정답 ①

? ②번 '山寨(shānzhài)는 원래 '산속의 울타리'라는 뜻인데, 최근에는 '중국산 모조품'을 지칭하는 말, 바로 그 유명한 '짝퉁'으로 의미가 바뀌어 사용되고 있습니다. 처음에는 기존의 상품을 모방하거나 위조하는 생산공장을 가리켰지만 현재는 모방을 뛰어넘어 '창조적 모방'이라는 긍정적인 뜻까지 내포하게 되었답니다.

중국에서는 2008년부터 산자이 문화가 폭발적으로 인기를 끌고 있습니다. 단순한 상품을 넘어서 영화, 건축물까지 산자이 문화는 하나의 트렌드로, 하나의 현상으로 자리잡았고 산자이는 또 다른 산자이 문화를 낳고 있습니다.

산자이에 대해서 중국 내에서도 반성하자는 목소리가 있긴 하지만 '모방은 창조의 어머니이다'라는 관점에서 산자이를 옹호하는 사람들도 많고, 심지어 산자이가 중국의 국민경제와 산업경제에 긍정적인 영향을 미친다고 생각하는 사람들도 많아지고 있다고 하네요.

▶ 정답 ②

# Unit 04

# 你吃什么?

Nǐ chī shénme?

당신은 무엇을 먹나요?

## Intro.

중국어의 기본어순은 어떻게 될까요? 또한 '이것'과 '저것'을 가리키는 지시대명사는 어떻게 이야기할까요? 이번 과에서는 중국어 문장구조의 기본인 동사술어문과 형용사술어문에 대해서 배워보도록 합니다. 또한 지시대명사에는 어떤 것들이 있는지도 자세히 배워보세요.

### 동사·형용사술어문 관련 단어

吃 chī 동 먹다 | 面包 miànbāo 명 빵 | 喝 hē 동 마시다 | 咖啡 kāfēi 명 커피 | 学 xué 동 배우다 | 汉语 Hànyǔ 명 중국어 | 有意思 yǒuyìsi 형 재미있다

### 지시대명사 관련 단어

这 zhè 대 이, 이것 | 那 nà 대 저, 저것

## 머리에 쏙쏙! 새 단어

🎧 04-1

**회화 1**

| 吃 | chī | 동 | 먹다 |
| 面包 | miànbāo | 명 | 빵 |
| 好吃 | hǎochī | 형 | 맛있다 |
| 喝 | hē | 동 | 마시다 |
| 咖啡 | kāfēi | 명 | 커피 |
| 苦 | kǔ | 형 | (맛이) 쓰다 |

**회화 2**

| 这 | zhè | 대 | 이, 이것 |
| 汉语 | Hànyǔ | 명 | 중국어 |
| 书 | shū | 명 | 책 |
| 学 | xué | 동 | 배우다 |
| 怎么样 | zěnmeyàng | 대 | 어떻다, 어떠하다 |
| 有意思 | yǒuyìsi | 형 | 재미있다 |

## 입에서 술술! 회화 1

🎧 04-2

💬 먹는 것에 대해 이야기하기

**A** 你吃什么?
Nǐ chī shénme?

**B** 我吃面包，面包很好吃。
Wǒ chī miànbāo, miànbāo hěn hǎochī.

**A** 你喝不喝咖啡?
Nǐ hē bu hē kāfēi?

**B** 我不喝咖啡，咖啡很苦。
Wǒ bù hē kāfēi, kāfēi hěn kǔ.

---

**표현 Tip**

▶ '你喝咖啡吗?'는 '커피 마실래요?' 또는 '커피 마셔요?'

'你喝咖啡吗?'는 두 가지 의미로 해석할 수 있습니다. 하나는 상대방에게 커피를 권하는 의미로 '커피 마실래요?'라는 뜻이고 다른 하나는 '(평소에) 커피 마셔요?'라는 뜻으로 해석할 수 있습니다. 중국어는 뜻을 나타내는 한자가 이어져서 말이 만들어지기 때문에 이렇게 같은 문장이어도 각각 다른 의미로 해석될 수 있습니다.

**사물에 대해 이야기하기**

A 这是什么?
Zhè shì shénme?

B 这是汉语书，我学汉语。
Zhè shì Hànyǔ shū, wǒ xué Hànyǔ.

A 学汉语怎么样?
Xué Hànyǔ zěnmeyàng?

B 学汉语很有意思。
Xué Hànyǔ hěn yǒuyìsi.

### 표현 Tip

▶ '汉语'의 병음은 왜 'Hànyǔ' 대문자(大字)로 시작하나요?

일반적으로 중국어 병음은 모두 소문자(小字)로 쓰지만 인명(人名)이나 지명(地名) 같은 고유명사는 맨 앞 글자를 대문자로 표기하여 다른 단어와 구별시켜줍니다. 또한 문장을 시작하는 첫 병음 글자도 대문자로 표기합니다.

## 실력이 쑥쑥! 문법

### 01 중국어 문장 기본구조 ❶ 동사술어문

중국어는 우리말과 달리 동사, 즉 술어가 가운데에 위치합니다. 즉 '주어 + 동사 술어 + 목적어' 순으로 이야기합니다. 이렇게 동사가 술어의 역할을 하는 문장을 '동사술어문'이라고 합니다.

- 我喝可乐。 나는 콜라를 마십니다.
  Wǒ hē kělè.

- 他看书。 그는 책을 봅니다.
  Tā kàn shū.

부정형식은 동사 앞에 부정부사 '不'를 붙입니다.

- 我不吃面包。 나는 빵을 먹지 않습니다.
  Wǒ bù chī miànbāo.

- 他不去学校。 그는 학교에 가지 않습니다.
  Tā bú qù xuéxiào.

### 02 중국어 문장 기본구조 ❷ 형용사술어문

중국어에서 형용사는 일반적으로 술어 역할을 하는데, 형용사가 술어로 쓰인 문장을 형용사술어문이라고 합니다. 형용사가 술어 역할을 할 때는 형용사 앞에 대부분 '很'을 쓰며 목적어를 받지 않습니다.

- 咖啡很热。 커피는 뜨겁습니다.
  Kāfēi hěn rè.

- 她很漂亮。 그녀는 예쁩니다.
  Tā hěn piàoliang.

부정형식은 형용사 앞에 부정부사 '不'를 붙입니다. 이때 '很'은 빼고 말합니다.

- 西瓜不好吃。 수박은 맛이 없습니다.
  Xīguā bù hǎochī.

- 我不舒服。 저는 불편합니다.(건강이 안 좋습니다.)
  Wǒ bù shūfu.

---

**단어** 可乐 kělè 명 콜라 | 看 kàn 동 보다 | 学校 xuéxiào 명 학교 | 热 rè 형 덥다, 뜨겁다 | 漂亮 piàoliang 형 예쁘다 | 西瓜 xīguā 명 수박 | 舒服 shūfu 형 편안하다

## 03 정반의문문

정반의문문은 술어에 긍정형과 부정형이 같이 나오는 의문문으로, 그 뜻은 일반적인 의문문과 같습니다.

- 你去不去? 당신은 가요 안 가요?
  Nǐ qù bu qù?

- 这好不好? 이것은 좋은가요 안 좋은가요?
  Zhè hǎo bu hǎo?

## 04 지시대명사

지시대명사는 사물을 가리키는 '이것, 그것, 저것'과 장소를 가리키는 '여기, 저기, 어디'를 말합니다.

| 사물 지칭 | | 장소 지칭 |
|---|---|---|
| 단수 | 복수 | |
| 这(个) zhè (ge) 이, 이것 | 这些 zhèxiē 이것들 | 这儿 zhèr 여기, 이곳 |
| 那(个) nà (ge) 저, 저것 | 那些 nàxiē 그것들 | 那儿 nàr 저기, 저곳 |
| 哪(个) nǎ (ge) 어느, 어느 것 | 哪些 nǎxiē 어느 것들 | 哪儿 nǎr 어디 |

- 这是书。 이것은 책입니다.
  Zhè shì shū.

- 你在哪儿? 당신은 어디에 있나요?
  Nǐ zài nǎr?

## 05 어때요? 怎么样?

'怎么样?'은 문장 마지막에 쓰여 '어때요?'라는 뜻으로 제안이나 상대방의 의견을 물어볼 때 씁니다.

- 我们喝咖啡怎么样? 우리 커피 마시는 거 어때요?
  Wǒmen hē kāfēi zěnmeyàng?

- 买水果怎么样? 과일을 사는 게 어때요?
  Mǎi shuǐguǒ zěnmeyàng?

단어 买 mǎi 동 사다 | 水果 shuǐguǒ 명 과일

## 중국어 UP! 표현 더하기 +

🎧 04-4

>> 새로운 단어들을 이용해 앞에서 배운 표현을 연습해봅시다.

### 동사, 형용사술어문은 이렇게!

❶ 我听音乐，音乐很好听。 저는 음악을 들어요, 음악은 듣기 좋습니다.
　Wǒ tīng yīnyuè, yīnyuè hěn hǎotīng.

❷ 我写汉字，写汉字很难。 저는 한자를 씁니다, 한자 쓰는 것은 어려워요.
　Wǒ xiě hànzì, xiě hànzì hěn nán.

❸ 我买水果，水果很好吃。 저는 과일을 삽니다, 과일은 맛있어요.
　Wǒ mǎi shuǐguǒ, shuǐguǒ hěn hǎochī.

**단어**
听 tīng 동 듣다 | 音乐 yīnyuè 명 음악 | 好听 hǎotīng 형 듣기 좋다 | 写 xiě 동 쓰다 | 汉字 hànzì 명 한자 | 难 nán 형 어렵다

## 중국어 UP! 단어 더하기 ➕

### 1. 자주 사용하는 동사

| 看 kàn 보다 | 听 tīng 듣다 | 说 shuō 말하다 |
|---|---|---|
| 来 lái 오다 | 去 qù 가다 | 玩 wán 놀다 |
| 买 mǎi 사다 | 卖 mài 팔다 | 吃 chī 먹다 |
| 写 xiě 쓰다 | 学 xué 배우다 | 穿 chuān 입다 |

### 2. 자주 사용하는 형용사

| 难 nán 어렵다 | 容易 róngyì 쉽다 | 困 kùn 졸립다 |
|---|---|---|
| 贵 guì 비싸다 | 便宜 piányi 싸다 | 漂亮 piàoliang 예쁘다 |
| 远 yuǎn 멀다 | 近 jìn 가깝다 | 累 lèi 피곤하다 |
| 好喝 hǎohē (마시는 것이) 맛있다 | 好吃 hǎochī (먹는 것이) 맛있다 | 有意思 yǒuyìsi 재미있다 |

## 마무리 쓱쓱! 연습문제

**1.** 빈칸에 알맞은 글자와 발음을 써 넣으세요.

① ☐ 吃   hǎo _____

② 面 ☐   _____ bāo

③ ☐ 啡   kā _____

④ 汉 ☐   _____ yǔ

**2.** 다음 그림에 해당하는 내용을 넣어 대화를 완성한 후, 옆 사람과 대화해보세요.

①

A 你吃什么?
  Nǐ chī shénme?

B 我_____。
  Wǒ _____.

②

A 学汉语怎么样?
  Xué Hànyǔ zěnmeyàng?

B 学汉语_____。
  Xué Hànyǔ _____.

③

A 你喝不喝咖啡?
  Nǐ hē bu hē kāfēi?

B 我不喝咖啡, _____。
  Wǒ bù hē kāfēi, _____.

**3.** 중국어 문장은 한국어로 번역하고, 한국어 문장은 중국어로 번역해보세요.

① 你喝不喝咖啡?

→ _____

② 这是汉语书，我学汉语。

→ _____

③ 저는 빵을 먹어요, 빵은 맛있어요.

→ _____

④ 중국어를 배우는 것은 어때요?

→ _____

## 입에 착착! 발음연습 🎧 04-6

>> 3음절 단어를 연습해보세요.

① túshūguǎn 图书馆 도서관
② diànyǐngyuàn 电影院 영화관
③ duìbuqǐ 对不起 미안합니다
④ zìxíngchē 自行车 자전거
⑤ kāi wánxiào 开玩笑 농담하다
⑥ hànbǎobāo 汉堡包 햄버거
⑦ méi guānxi 没关系 괜찮습니다
⑧ pīngpāngqiú 乒乓球 탁구
⑨ xīngqītiān 星期天 일요일
⑩ zěnmeyàng 怎么样 어떻습니까?

## 퀴즈 퀴즈~ 중국 문화 어렵지 않아요!

**1** 중국사람들은 아침식사는 대부분 밖에서 사먹습니다. 그 이유는 맞벌이 부부들이 많고 밖에서 사먹는 것이 시간과 금전 절약 측면에서 훨씬 더 좋기 때문이죠. 중국인들이 아침에 자주 먹는 음식으로는 '빠오즈 (包子 bāozi)', '요우티아오(油条 yóutiáo)', '찌엔빙(煎饼 jiānbǐng)', '죽(粥 zhōu)', '차딴(茶蛋 chádàn)' 등이 있습니다. 그리고 이것과 더불어 중국사람들은 아침에 요거트를 많이 마시는데요, 흰색 병에 종이로 입구를 막아서 팔기도 하고, 슈퍼에서도 많이 파는 이 요거트를 중국어로 뭐라고 할까요?

① 牛奶 (niúnǎi)　　② 冰红茶 (bīnghóngchá)　　③ 酸奶 (suānnǎi)

**2** 중국의 음식은 다양하고 그 맛도 매우 좋은데요, 지역마다 재료와 요리법이 각기 다른 특색을 가지고 있습니다. 그래서 흔히들 '중국 음식은 나는 것은 비행기, 네 발 달린 것은 책상 빼고 다 식재료로 사용한다'라고 하지요. 지역마다 대표음식이 다 다르기 때문에 중국의 음식은 흔히 '8대 음식', '4대 음식' 이렇게 나눠서 설명을 합니다. 그렇다면 베이징 대표음식인 베이징 오리구이는 중국어로 뭐라고 할까요? 힌트! 한자로는 '구운 오리'라고 합니다.

① 烤鸭 (kǎoyā)　　② 锅包肉 (guōbāoròu)　　③ 炒饭 (chǎofàn)

**?** 중국사람들의 아침식사 메뉴를 좀 더 자세히 살펴보면 다음과 같습니다.

① 빠오즈(包子): 찐빵 안에 고기나 야채소가 들어있는 것으로, 하나에 2~3위안정도 하며 낱개로 사면 봉지에 담아 줍니다. 크기는 작은 것도 큰 것도 있는데 상점마다 다 다릅니다.

② 요우티아오(油条): 긴 밀가루 반죽을 기름에서 튀겨낸 것으로 살짝 밍밍한 맛입니다. 요우티아오를 단독으로 먹기도 하지만 '떠우지앙(豆浆 dòujiāng: 콩을 갈아 만든 중국식 두유)'에 찍어서 먹기도 합니다.

③ 찌엔빙(煎饼): 쌀 전병에 소스를 발라 양배추, 파, 고수, 고추 등을 넣고 마지막에 계란을 넣어 부쳐서 먹는 것입니다. 맛이 좋고 양도 많아서 중국인들이 많이 즐겨먹는 아침식사 메뉴 중 하나입니다.

④ 죽(粥): 다른 말로 '묽은 밥'이라고 할 만큼 한국의 죽과는 다르게 많이 묽습니다. 흰죽 외에도 호박죽, 단팥죽, 대추죽, 좁쌀죽 등이 있으며 '시엔차이(咸菜 xiáncài: 짭조름한 야채)'와 같이 먹기도 합니다.

⑤ 차딴(茶蛋): 차딴은 간장과 차에 넣어 찐 달걀로 맛이 짭조름합니다.

퀴즈에서 물어본 요거트는 ③번 '쏸나이(酸奶)'라고 합니다. '酸奶'라는 한자의 의미는 '시큼한 우유'라는 뜻으로 우유를 발효시켜 만들어 맛이 시큼한 것을 잘 표현한 한자라고 할 수 있지요. 중국의 쏸나이는 한국의 요거트보다 살짝 더 되직하며 보편적인 과일 맛 외에도 알로에, 벼, 호두 등 견과류가 포함된 것도 있습니다. ①번의 '牛奶'는 '우유'로 냉장고에서 파는 우유 외에도 실온에서 보관 가능한 탈지우유도 있습니다. 가격은 냉장 상태의 우유가 훨씬 더 비쌉니다. ②번의 '冰红茶'는 '아이스 홍차'로 중국에서도 잘 팔리는 음료이기도 하지만 홍콩에서 아침에 자주 마시는 음료이기도 합니다.

▶ 정답 ③

**?** ①번의 '烤鸭(kǎoyā)'는 한자 그대로 '구운 오리'라는 뜻입니다. 화덕에서 구워낸 오리구이는 껍질은 바삭바삭하고 고기가 부드러우며 기름기가 많으나 느끼하지 않아 질리지 않는 음식입니다. 보통 밀가루 전병에 얇게 썰어낸 오리고기와 오리껍질, 파 채, 오이 등을 곁들여 쌈을 싸서 춘장에 찍어 먹습니다.

②번의 '锅包肉(guōbāoròu)'는 고기에 찹쌀 튀김 옷을 입혀 튀겨낸 탕수육입니다. 튀김 옷을 입힌 고기(包肉 bāoròu)를 솥(锅 guō)에서 튀겨내기에 바삭바삭하고 쫄깃한 그 맛이 일품입니다.

③번의 '炒饭(chǎofàn)'은 '볶음밥'으로 한자 그대로 밥을 볶아낸 것을 말합니다. 계란 볶음밥(鸡蛋炒饭 jīdàn chǎofàn)이 가장 간단하고 보편적이지만 장쑤성 양저우(江苏扬州 Jiāngsū Yángzhōu)를 앞에 붙인 '扬州炒饭'이 유명한데 그 이유는 죽순, 표고버섯, 닭고기 등 다양한 재료를 넣어 맛과 색상이 산뜻하기 때문입니다.

▶ 정답 ①

# 我喜欢看电影。

Wǒ xǐhuan kàn diànyǐng.

저는 영화 보는 것을 좋아해요.

## Intro.

여러분의 취미는 무엇인가요? 책 읽기, 영화 보기, 인터넷 게임 하기 등 다양한 취미가 있을 수 있겠지요. 이번 시간에는 동사 喜欢을 이용해 좋아하는 활동 및 취미, 좋아하는 계절 등에 대해 함께 이야기해보세요.

### 취미와 관련된 단어

看电影 kàn diànyǐng 영화 보기 | 照相 zhàoxiàng 동 사진을 찍다 | 运动 yùndòng 명동 운동(하다) | 游泳 yóuyǒng 명동 수영(하다) | 爬山 páshān 동 등산하다

### 계절과 관련된 단어

季节 jìjié 명 계절 | 春天 chūntiān 명 봄 | 夏天 xiàtiān 명 여름 | 秋天 qiūtiān 명 가을 | 冬天 dōngtiān 명 겨울

# 머리에 쏙쏙! 새 단어

🎧 05-1

| 的 | de | 조 ~의 [관형어 뒤에 쓰여 종속관계를 나타냄] |
| 爱好 | àihào | 명 취미 |
| 喜欢 | xǐhuan | 동 좋아하다 |
| 看 | kàn | 동 보다 |
| 电影 | diànyǐng | 명 영화 |
| 非常 | fēicháng | 부 매우 |
| 照相 | zhàoxiàng | 동 사진을 찍다 |
| 一起 | yìqǐ | 부 함께, 같이 |
| 吧 | ba | 조 ~합시다 [문장 마지막에서 제안을 나타냄] |

| 哪个 | nǎ ge | 대 어느, 어느 것 |
| 季节 | jìjié | 명 계절 |
| 冬天 | dōngtiān | 명 겨울 |
| 下雪 | xià xuě | 눈이 내리다 |
| 漂亮 | piàoliang | 형 예쁘다 |
| 太……了 | tài……le | 너무 ~하다 |
| 冷 | lěng | 형 춥다 |
| 不太 | bú tài | 그다지, 별로 |
| 比较 | bǐjiào | 부 비교적 |
| 春天 | chūntiān | 명 봄 |
| 暖和 | nuǎnhuo | 형 따뜻하다 |

Unit 05. 我喜欢看电影。

## 입에서 술술! 회화 1

🎧 05-2

 취미에 대해 이야기하기

**A** 你的爱好是什么?
Nǐ de àihào shì shénme?

**B** 我喜欢看电影，你呢?
Wǒ xǐhuan kàn diànyǐng, nǐ ne?

**A** 我非常喜欢照相，你喜欢吗?
Wǒ fēicháng xǐhuan zhàoxiàng, nǐ xǐhuan ma?

**B** 我也很喜欢，我们一起照相吧。
Wǒ yě hěn xǐhuan, wǒmen yìqǐ zhàoxiàng ba.

### 표현 Tip

▶ 중국어 문장에서 부사 也, 一起, 非常은 주로 동사나 형용사 앞에 옵니다.

- 我**也**很高兴。 저도 기쁩니다.
  Wǒ yě hěn gāoxìng.

- 他们**一起**去学校。 그들은 같이 학교에 갑니다.
  Tāmen yìqǐ qù xuéxiào.

- 认识您**非常**高兴。 당신을 알게 되어 매우 기쁩니다.
  Rènshi nín fēicháng gāoxìng.

> **Tip**
> '一'는 성조변화가 있는데, 원래 1성이지만 4성 글자 앞에서는 2성으로, 1,2,3성 글자 앞에 놓일 때는 4성으로 발음됩니다.

## 입에서 술술! 회화 2

**좋아하는 계절에 대해 이야기하기**

**A** 你喜欢哪个季节？
Nǐ xǐhuan nǎ ge jìjié?

**B** 我喜欢冬天，冬天下雪很漂亮，你呢？
Wǒ xǐhuan dōngtiān, dōngtiān xià xuě hěn piàoliang, nǐ ne?

**A** 冬天太冷了，我不太喜欢。我比较喜欢春天。
Dōngtiān tài lěng le, wǒ bú tài xǐhuan. Wǒ bǐjiào xǐhuan chūntiān.

**B** 我也喜欢春天，春天很暖和。
Wǒ yě xǐhuan chūntiān, chūntiān hěn nuǎnhuo.

### 표현 Tip

▶ 정도부사 '比较'의 활용을 꼭 알아두세요!

- 这个面包比较好吃。　이 빵은 비교적 맛있어요.
　Zhège miànbāo bǐjiào hǎochī.

- 秋天比较凉快。　가을은 비교적 선선합니다.
　Qiūtiān bǐjiào liángkuai.

**단어** 秋天 qiūtiān 몡 가을 | 凉快 liángkuai 혱 시원하다, 서늘하다

## 실력이 쑥쑥! 문법

### 01 당신의 취미는 무엇인가요? 你的爱好是什么?

'爱好'는 '취미'라는 뜻으로 상대방의 취미를 물을 때 우리말과 똑같이 '당신의 취미는 무엇입니까? 你的爱好是什么? (Nǐ de àihào shì shénme?)'라고 물을 수 있습니다. 취미를 묻는 다른 표현에는 '你有什么爱好? (Nǐ yǒu shénme àihào?)'라고 해서 '당신은 어떤 취미가 있나요?'라고도 물을 수 있습니다.

- A 你的爱好是什么? 당신의 취미는 무엇인가요?
  Nǐ de àihào shì shénme?
- B 我的爱好是看电影。 제 취미는 영화 보기예요.
  Wǒ de àihào shì kàn diànyǐng.
- A 你有什么爱好? 어떤 취미가 있어요?
  Nǐ yǒu shénme àihào?
- B 我没有爱好。 저는 취미가 없어요.
  Wǒ méiyǒu àihào.

★ 동사 有에 관한 용법 ▶ 6과 참조

> **Tip** '好'는 'hǎo'와 'hào' 두 가지로 발음되는 다음자(多音字)입니다. 'hào'로 발음하면 '좋아하다'라는 뜻이 됩니다.
> - 你的**爱好**是什么? Nǐ de àihào shì shénme? 당신의 취미는 무엇입니까?
> - 他很**好学**。 Tā hěn hàoxué. 그 사람은 공부를 아주 좋아합니다.

### 02 수식하는 조사 '的'

조사 '的'는 관형어 뒤에 쓰여서 '的' 앞의 관형어와 '的' 뒤의 중심어 사이가 종속관계에 있음을 나타냅니다. 즉 '~의 ~'로 해석될 수 있습니다.

- 我的书 wǒ de shū 저의 책
- 你的名字 nǐ de míngzi 당신의 이름
- 他的哥哥 tā de gēge 그의 형
- 他们的学校 tāmen de xuéxiào 그들의 학교

**단어** 好学 hàoxué 동 배우는 것을 좋아하다

## 03  좋아해요! '喜欢'

'喜欢'은 '좋아하다'라는 뜻의 동사로 뒤에 좋아하는 대상을 넣어 이야기하면 됩니다. 대상에는 단순한 명사를 쓸 수도 있고, 동사구를 쓸 수도 있습니다.

- 我喜欢冬天。  저는 겨울을 좋아해요.
  Wǒ xǐhuan dōngtiān.

- 我喜欢看电影。  저는 영화 보는 것을 좋아해요.
  Wǒ xǐhuan kàn diànyǐng.

## 04  다양한 정도 부사 '太', '不太', '比较'

형용사와 심리동사 앞에는 '매우', '비교적'처럼 정도를 나타내는 다양한 정도부사를 사용하여 그 의미를 강조하여 사용할 수 있습니다.

❶ 太……了 : 너무 ~하다 [부정의 의미가 있음]

- 冬天太冷了。  겨울은 너무 추워요.
  Dōngtiān tài lěng le.

- 这个太贵了。  이것은 너무 비싸요.
  Zhège tài guì le.

> **Tip**
> 심리동사란? '좋아하다', '싫어하다'처럼 심리 활동과 관련된 동사를 말하는데, '爱 ài (사랑하다)', '喜欢 xǐhuan (좋아하다)', '怕 pà (무서워하다)', '羡慕 xiànmù (부러워하다)', '讨厌 tǎoyàn (싫어하다)' 등이 있습니다.

❷ 不太 : 그다지, 별로

- 我不太喜欢听音乐。  저는 음악 듣는 것을 별로 좋아하지 않아요.
  Wǒ bú tài xǐhuan tīng yīnyuè.

- 这里不太热。  여기는 그다지 덥지 않습니다.
  Zhèlǐ bú tài rè.

❸ 比较 : 비교적

- 我比较喜欢电脑游戏。  저는 컴퓨터 게임을 비교적 좋아합니다.
  Wǒ bǐjiào xǐhuan diànnǎo yóuxì.

- 这个电影比较好看。  이 영화는 비교적 재미있습니다.
  Zhège diànyǐng bǐjiào hǎokàn.

---

**단어**  贵 guì 형 (가격이나 가치가) 높다, 비싸다 | 电脑 diànnǎo 명 컴퓨터 | 游戏 yóuxì 명 게임 | 好看 hǎokàn 형 예쁘다, (내용이) 재미있다

## 중국어 UP! 표현 더하기 ➕   🎧 05-4

>> 새로운 단어들을 이용해 앞에서 배운 표현을 연습해봅시다.

### 좋아해! 동사 喜欢

**A** 你**喜欢**什么?   당신은 무엇을 좋아하나요?
Nǐ xǐhuan shénme?

**B** 我**喜欢**看书。   저는 책 보는 것을 좋아해요.
Wǒ xǐhuan kàn shū.

**A** 你**喜欢**什么运动?   당신은 어떤 운동을 좋아하나요?
Nǐ xǐhhuan shénme yùndòng?

**B** 我**喜欢**游泳。   저는 수영을 좋아해요.
Wǒ xǐhuan yóuyǒng.

**단어**
运动 yùndòng 명 동 운동(하다)  |  游泳 yóuyǒng 명 동 수영(하다)

## 중국어 UP! 단어 더하기 ➕    🎧 05-5

### 1. 여러 가지 취미

| 看书 kàn shū | 听音乐 tīng yīnyuè | 电脑游戏 diànnǎo yóuxì |
|---|---|---|
| 독서 | 음악 듣기 | 컴퓨터게임 |

| 爬山 páshān | 照相 zhàoxiàng | 钓鱼 diàoyú |
|---|---|---|
| 등산 | 사진 찍기 | 낚시 |

| 旅行 lǚxíng | 下绣 xiàxiù | 收集手办 shōují shǒubàn |
|---|---|---|
| 여행 | 수놓기 | 피규어 수집 |

| 烹饪 pēngrèn | 唱歌 chànggē | 跳舞 tiàowǔ |
|---|---|---|
| 요리 | 노래 부르기 | 춤 추기 |

### 2. 계절과 날씨

| 春天 chūntiān | 夏天 xiàtiān | 秋天 qiūtiān | 冬天 dōngtiān |
|---|---|---|---|
| 봄 | 여름 | 가을 | 겨울 |

| 暖和 nuǎnhuo | 热 rè | 凉快 liángkuai | 冷 lěng |
|---|---|---|---|
| 따뜻하다 | 덥다 | 서늘하다 | 춥다 |

| 晴 qíng | 阴 yīn | 下雨 xià yǔ | 下雪 xià xuě |
|---|---|---|---|
| 맑다 | 흐리다 | 비가 내리다 | 눈이 내리다 |

| 刮风 guāfēng | 刮台风 guā táifēng | 降雹 jiàngbáo | 有雷阵雨 yǒu léizhènyǔ |
|---|---|---|---|
| 바람이 불다 | 태풍이 불다 | 우박이 내리다 | 소나기가 내리다 |

# 마무리 쏙쏙! 연습문제

**1.** 빈칸에 알맞은 글자와 발음을 써 넣으세요.

① ☐ 欢　xǐ_____　　② 爱 ☐　_____hào

③ ☐ 亮　piào_____　　④ ☐ 天　dōng_____

**2.** 다음 그림에 해당하는 내용을 넣어 대화를 완성한 후, 옆 사람과 대화해보세요.

①

A 你的爱好是什么?
　Nǐ de àihào shì shénme?

B 我_____。
　Wǒ_____.

②

A 你_____?
　Nǐ_____?

B 我喜欢冬天。
　Wǒ xǐhuan dōngtiān.

③

A 冬天天气怎么样?
　Dōngtiān tiānqì zěnmeyàng?

B 冬天天气很_____, 常常_____。
　Dōngtiān tiānqì hěn_____, chángcháng_____.

단어　常常 chángcháng 부 자주, 종종

**3.** 중국어 문장은 한국어로 번역하고, 한국어 문장은 중국어로 번역해보세요.

① 你的爱好是什么?

→ _____

② 我喜欢看电影，你呢?

→ _____

③ 당신은 어느 계절을 좋아해요?

→ _____

④ 저는 겨울을 좋아해요.

→ _____

## 입에 착착! 발음연습  🎧 05-6

>> 4음절 단어를 연습해보세요.

① yī èr sān sì 一二三四 1, 2, 3, 4

② fēicháng gǎnxiè 非常感谢 정말 감사합니다.

③ xiōngdìjiěmèi 兄弟姐妹 형제자매

④ dōng nán xī běi 东南西北 동, 서, 남, 북

⑤ Rénmín rìbào 人民日报 런민일보

⑥ chūn xià qiū dōng 春夏秋冬 봄, 여름, 가을, 겨울

⑦ Běijīng Dàxué 北京大学 베이징 대학교

⑧ qián hòu zuǒ yòu 前后左右 앞, 뒤, 좌, 우

⑨ gōnggòngqìchē 公共汽车 버스

⑩ Wànlǐ chángchéng 万里长城 창청(만리장성)

## 퀴즈 퀴즈~ 중국 문화 어렵지 않아요!

**1** 중국도 서양문화의 영향으로 요즘은 어디서든 커피숍을 많이 찾아볼 수 있습니다. 특히 요즘 20~30대들은 차(茶 chá)보다 커피를 더 즐겨 마셔서 점심시간이면 커피숍마다 줄이 길게 늘어선 것을 볼 수 있습니다. 그렇다면 전세계 사람들이 이용한다는 '스타벅스'는 중국어로 무엇이라고 할까요? 힌트!! 스타벅스의 뜻과 발음을 한번 생각해보세요!

① 咖啡陪你 (Kāfēi péi nǐ)　② 星巴克 (Xīngbākè)　③ 香啡缤 (Xiāngfēibīn)

**2** 중국의 꾸궁(故宮 Gùgōng)은 베이징에 위치한 명나라와 청나라 때의 궁궐로 유네스코 세계문화유산으로 등록되어 있습니다. 총 면적은 725,000㎡로 그 안에는 9999개의 방이 있다고 할 정도로 엄청난 규모를 자랑합니다. 커다란 그 규모만큼이나 놀라운 것은 꾸궁의 하루 방문객인데요, 꾸궁에는 하루 평균 몇 명의 관광객이 방문을 할까요?

① 3천 명　② 2만 명　③ 8만 명

❓ 중국은 외래어를 '중국화'해 말하는 습관이 있습니다. 그래서 중국에 가게 되면 우리가 알고 있는 외래어가 발음이나 뜻에 따라서 '중국화'된 표기법을 흔하게 볼 수 있는데요, 맥도날드는 '麦当劳(Màidāngláo)', KFC는 '肯德基(Kěndéjī)', 코카콜라는 '可口可乐(Kěkǒukělè)', 피자헛은 '必胜客(Bìshèngkè)'라고 합니다. 처음에 이러한 상표명에 당황하게 되지만 시간이 지나면 '중국화'된 브랜드 이름에 무릎을 탁! 치게 되지요. '스타벅스'는 중국어로 '星巴克(Xīngbākè)'라고 합니다 '별'을 나타내는 '星(별 성)'과 bucks의 발음에서 따온 한자 '巴克'가 합쳐져서 생긴 말입니다. 이처럼 많은 외래어들이 뜻과 발음에 의해서 '중국화'되어 사용됩니다.

①번의 '咖啡陪你(Kāfēi péi nǐ)'는 우리나라 '카페베네'의 중국 이름으로 '커피가 당신 곁에 있어주다'라는 뜻이며 ③번의 '香啡缤(Xiāngfēibīn)'은 미국 커피 브랜드 '커피빈'입니다. '香(향기롭다, 맛있다)'이라는 글자를 통해 커피가 맛있다는 것을 강조해주지요.

반대로 한국어의 영향을 받아서 생겨난 신조어들이 있는데요, 바로 대표적으로 '欧巴 ōubā'와 '思密达 sīmìdá' 입니다. '欧巴'의 발음은 'ōubā'로 우리말의 '오빠'입니다. 혈육의 오빠만 '哥哥'라고 부르던 중국에서 한류의 영향으로 많은 한국 여성들이 자신보다 나이가 많은 남자에게 '오빠'라고 부르는 것을 통해 '欧巴'라는 단어가 생겨났고 인터넷 사이트에서 '欧巴'를 검색하면 수많은 한국 남자연예인이 연관검색어로 등장합니다. '思密达'는 'sīmìdá'로 발음되며 우리말 '~습니다'를 따라 발음해 생겨난 신조어로 '吃饭了吗? (밥 먹었나요?)'라고 물어보면 '吃过思密达。'로 대답한다고 하네요. '중국화'된 외래어도 중국어이니 눈 여겨 보시면 좋을 듯해요.

▶ 정답 ②

❓ 중국의 꾸궁은 중국인들이 평생 죽기 전에 한 번은 꼭 가보고 싶은 관광지 중 하나라고 합니다. 따라서 중국의 인구가 많은 만큼 하루 관광객 수도 어마어마한데요. 평일이든 주말이든 꾸궁에 가보면, 중국사람들이 여기에 다 모였나 싶을 정도로 발 디딜 틈 없는데, 거기에 외국인 관광객까지 더하면 더욱 거대한 숫자가 연상될 수밖에 없을 겁니다.

2015년에 중국 정부는 자랑스러운 문화유적인 꾸궁과 관광객 모두를 보호하기 위한 불가피한 조치로 꾸궁 관광객을 하루에 8만 명으로 제한한다는 조치를 내렸습니다. 단체 관람객도 연 1천만 명이 넘어 골치를 앓고 있었기에 모든 단체 관람객은 온라인 티켓팅을 통해 예약하도록 하고, 티켓 예약시 실명을 등록하도록 했으며 기존의 티켓 판매부스는 없애기로 했습니다.

중국은 유네스코 세계문화유산을 48개나 보유하고 있는 나라로 세계에서 2위의 세계문화유산 보유국입니다. 문화유산이나 자원으로 보면 우리의 입장에서는 부럽다는 생각을 가질 수밖에 없을 텐데요. 잘 가꾸고 보존해야 할 문화유산이 이렇게 많다는 것은 같은 시대를 살고 있는 동시대 지구촌사람으로서 함께 자랑스러워 해야 하지 않을까 싶습니다.

▶ 정답 ③

# 你家有几口人?

Nǐ jiā yǒu jǐ kǒu rén?

가족이 몇 명이에요?

### Intro.

가족 수와 구성원은 어떻게 이야기할까요? 또한 직업과 나이는 어떻게 표현할까요? 이번 과에서는 숫자 읽기와 직업, 나이 그리고 동사 '有(있다)'의 표현에 대해 배워보도록 합니다.

**가족 수와 구성원 관련 단어**

有 yǒu 동 있다 | 几 jǐ 대 몇 | 口 kǒu 양 식구를 세는 단위 | 都 dōu 부 모두 | 和 hé 전 ~와

**직업과 나이 관련 단어**

做 zuò 동 ~를 하다 | 工作 gōngzuò 명 일, 직업 동 일하다 | 大学生 dàxuéshēng 명 대학생 |
今年 jīnnián 명 올해 | 多 duō 부 얼마나 | 大 dà 형 크다, (나이가) 많다 | 岁 suì 명 세, 살

## 머리에 쏙쏙! 새 단어

🎧 06-1

### 회화 1

| 家 | jiā | 명 집, 가정 |
| 有 | yǒu | 동 (~이) 있다 |
| 几 | jǐ | 대 몇 [10 이하의 수를 물을 때] |
| 口 | kǒu | 양 식구를 세는 단위 |
| 都 | dōu | 부 모두 |
| 爸爸 | bàba | 명 아빠 |
| 妈妈 | māma | 명 엄마 |
| 哥哥 | gēge | 명 형, 오빠 |
| 妹妹 | mèimei | 명 여동생 |
| 和 | hé | 전 ~와 |

### 회화 2

| 做 | zuò | 동 (~을) 하다 |
| 工作 | gōngzuò | 명 일, 직업  동 일하다 |
| 大学生 | dàxuéshēng | 명 대학생 |
| 今年 | jīnnián | 명 올해 |
| 多 | duō | 부 얼마나 |
| 大 | dà | 형 크다, (나이가) 많다 |
| 岁 | suì | 명 세, 살 [연령을 세는 단위] |

Unit 06. 你家有几口人?

**입에서 술술!** 회화 1  🎧 06-2

💬 가족 수와 가족구성원 이야기하기

A 你家有几口人?
Nǐ jiā yǒu jǐ kǒu rén?

B 我家有五口人。
Wǒ jiā yǒu wǔ kǒu rén.

A 都有什么人?
Dōu yǒu shénme rén?

B 爸爸、妈妈、哥哥、妹妹和我。
Bàba、māma、gēge、mèimei hé wǒ.

**표현 Tip**

▶ '口'는 식구의 수를 세는 양사입니다. 따라서 식구 수를 세는 양사 대신에 사람을 세는 양사로 바꿔서 '你家有几个人? Nǐ jiā yǒu jǐ ge rén?'으로도 이야기할 수 있습니다.

★ 양사란?
한국어로는 '단위사'라고 하며, 우리 말 '한 잔, 한 그릇, 한 병'의 '잔, 그릇, 병' 등을 가리키는 말을 양사라고 합니다.

## 입에서 술술! 회화 2

🎧 06-3

💬 직업과 나이 묻고 대답하기

**A** 你哥哥做什么工作?
Nǐ gēge zuò shénme gōngzuò?

**B** 他不工作，他是大学生。
Tā bù gōngzuò, tā shì dàxuéshēng.

**A** 他今年多大?
Tā jīnnián duōdà?

**B** 今年二十三岁。
Jīnnián èrshísān suì.

### 표현 Tip

▶ '工作'는 '일'인가요? '일하다'인가요?

중국어에서는 한자의 개수가 무한대로 팽창할 수 없기에, 하나의 단어에 여러 가지 품사와 의미를 가진 다의자(多義字)가 많습니다. '工作' 역시 마찬가지로 명사의 의미로 '일, 직업'이라는 뜻도 있지만 동사로 '일하다'의 의미도 가지고 있습니다.

- 我有工作。　저는 직업이 있습니다.
  Wǒ yǒu gōngzuò.

- 你工作吗?　당신은 일을 하나요?
  Nǐ gōngzuò ma?

## 실력이 쑥쑥! 문법

### 01 '~이 있다' 동사 '有'

동사 '有'는 '~이 있다'라는 뜻으로 소유를 나타냅니다. 뒤에 가질 수 있는 대상을 쓰면 됩니다.

- 我有钱。 저는 돈이 있어요.
  Wǒ yǒu qián.

- 我有一个孩子。 저는 아이가 한 명 있습니다.
  Wǒ yǒu yí ge háizi.

★ 수사 一의 성조 변화 ▶ 5과 참조

부정형식은 '有' 앞에 '没'을 씁니다. (※ '不有'라는 말은 없어요!)

- 我没有弟弟。 저는 남동생이 없습니다.
  Wǒ méiyǒu dìdi.

- 谁没有书? 누가 책이 없나요?
  Shéi méiyǒu shū?

의문문은 뒤에 '吗'를 붙이거나 '有没有'처럼 정반의문문 형식으로 만들 수 있습니다.

- 你有哥哥吗? 당신은 형(오빠)이 있나요?
  Nǐ yǒu gēge ma?

- 你有没有笔? 당신은 펜이 있나요?
  Nǐ yǒu méiyǒu bǐ?

### 02 양사

양사란 사물이나 동작의 단위를 나타내는 낱말을 말합니다. 중국어에서 수사나 지시대명사, 의문대명사 등은 명사를 직접 수식할 수 없는 것이 특징이며, 반드시 중간에 그 명사의 성질과 어울리는 양사를 넣어 말해야 합니다.

- 三书 (✕) / 三本书 sān běn shū (○) 책 세 권
- 两可乐 (✕) / 两瓶可乐 liǎng píng kělè (○) 콜라 두 병

---

**단어** 钱 qián 명 돈 | 孩子 háizi 명 아이 | 谁 shéi 대 누구 | 笔 bǐ 명 펜 | 导游 dǎoyóu 명 가이드 | 在 zài 전 ~에서 [장소를 나타냄] | 旅行社 lǚxíngshè 명 여행사

※ 자주 사용되는 양사

| 양사 | 쓰임 |
|---|---|
| 个 ge 개 [주로 특정 양사가 없는 명사에 두루 쓰임] | 一个人 yí ge rén 한 사람 |
| 瓶 píng 병 | 两瓶可乐 liǎng píng kělè 콜라 두 병 |
| 件 jiàn 벌, 건 [옷, 사건 등을 셀 때] | 三件衣服 sān jiàn yīfu 옷 세 벌 |
| 张 zhāng 장 [티켓, 종이를 셀 때] | 四张纸 sì zhāng zhǐ 종이 네 장 |
| 本 běn 권 [책, 공책 등을 셀 때] | 五本书 wǔ běn shū 책 다섯 권 |
| 双 shuāng 켤레 [신발, 양말 등을 셀 때] | 六双鞋子 liù shuāng xiézi 신발 여섯 켤레 |
| 斤 jīn 근 [과일, 고기 등을 셀 때] | 七斤苹果 qī jīn píngguǒ 사과 일곱 근 |

## 03 직업을 묻는 표현 你做什么工作?

직업을 물을 때는 '你做什么工作? (Nǐ zuò shénme gōngzuò?)' 또는 '你在哪儿工作? (Nǐ zài nǎr gōngzuò?)'라고 합니다. 대답은 '是 + 직업명' 또는 '在 + 직장명 + 工作'를 사용하면 됩니다.

**A** 你做什么工作? 당신은 무슨 일을 하세요?
Nǐ zuò shénme gōngzuò?

**B** 我是导游。 저는 가이드예요.
Wǒ shì dǎoyóu.

**A** 你在哪儿工作?★ 당신은 어디에서 일하세요?
Nǐ zài nǎr gōngzuò?

**B** 我在旅行社工作。 저는 여행사에서 일해요.
Wǒ zài lǚxíngshè gōngzuò.

★ 전치사 在에 관한 용법 ▶ 10과 참조

## 04 나이 표현

나이를 묻는 방법은 상대방의 연령에 따라 다릅니다.

| 어린이 | 你几岁? Nǐ jǐ suì? 몇 살이니? |
|---|---|
| 동년배 | 你多大? Nǐ duōdà? 나이가 어떻게 되세요? |
| 어른<br>(자신보다 나이가 많은 경우) | 您多大年纪? Nín duōdà niánjì? / 您多大岁数? Nín duōdà suìshu?<br>연세가 어떻게 되세요? |

**Tip)** '多'는 형용사로 '많다'라는 말 외에 부사의 의미로 '얼마나'라는 뜻이 있습니다.

· 你个子多高? Nǐ gèzi duō gāo? 당신은 얼마나 큰가요? (당신의 키는 몇 인가요?)

· 你多重? Nǐ duō zhòng? 당신은 얼마나 무거운가요? (당신의 몸무게는 얼마인가요?)

## 중국어 UP! 표현 더하기 ➕    🎧 06-4

>> 새로운 단어들을 이용해 앞에서 배운 표현을 연습해봅시다.

### 숫자를 읽어보아요! 이, 얼, 싼, 쓰!

| 0 | 1 | 2 | 3 | 4 | 5 | 6 | 7 | 8 | 9 | 10 | 100 | 1000 |
|---|---|---|---|---|---|---|---|---|---|----|-----|------|
| 零 | 一 | 二 | 三 | 四 | 五 | 六 | 七 | 八 | 九 | 十 | 百 | 千 |
| líng | yī | èr | sān | sì | wǔ | liù | qī | bā | jiǔ | shí | bǎi | qiān |

※ 전화번호, 년도, 버스 노선번호, 방 번호 등은 한 자리씩 읽습니다.

- 2005년 二零零五年 èr líng líng wǔ nián
- 337번 버스 三三七路公共汽车 sān sān qī lù gōnggòngqìchē

※ 수량을 나타낼 때 숫자 2(二)는 两(liǎng)이라고 합니다.

- 我有两个妹妹。 저는 여동생이 두 명 있어요.
  Wǒ yǒu liǎng ge mèimei.

- 我每天喝两杯咖啡。 저는 매일 두 잔의 커피를 마셔요.
  Wǒ měitiān hē liǎng bēi kāfēi.

**단어** 路 lù 명 (교통 수단의) 노선 | 每天 měitiān 부 매일, 날마다

## 중국어 UP! 단어 더하기 +

🎧 06-5

### 1. 직업을 나타내는 단어

| 医生 yīshēng | 护士 hùshi | 服务员 fúwùyuán |
|---|---|---|
| 의사 | 간호사 | 종업원 |

| 记者 jìzhě | 翻译 fānyì | 售货员 shòuhuòyuán |
|---|---|---|
| 기자 | 번역가, 통역가 | 판매원 |

| 教授 jiàoshòu | 运动员 yùndòngyuán | 厨师 chúshī |
|---|---|---|
| 교수 | 운동선수 | 요리사 |

| 导游 dǎoyóu | 律师 lùshī | 乘务员 chéngwùyuán |
|---|---|---|
| 가이드 | 변호사 | 승무원 |

### 2. 학용품과 사무용품

| 本子 běnzi | 圆珠笔 yuánzhūbǐ | 铅笔 qiānbǐ |
|---|---|---|
| 노트 | 볼펜 | 연필 |

| 彩色铅笔 cǎisè qiānbǐ | 荧光笔 yíngguāngbǐ | 签字笔 qiānzìbǐ |
|---|---|---|
| 색연필 | 형광펜 | 사인펜 |

| 笔袋 bǐdài | 剪刀 jiǎndāo | 订书器 dìngshūqì |
|---|---|---|
| 필통 | 가위 | 스테이플러 |

| 橡皮 xiàngpí | 修正带 xiūzhèngdài | 胶带 jiāodài |
|---|---|---|
| 지우개 | 수정 테이프 | 스카치테이프 |

## 마무리 쓱쓱! 연습문제

**1.** 빈칸에 알맞은 글자와 발음을 써 넣으세요.

① 几 ☐ 人 _____ kǒu rén　　② 妹 ☐ _____ mei

③ ☐ 作　gōng _____　　④ 大学 ☐ _____ shēng

**2.** 다음 그림에 해당하는 내용을 넣어 대화를 완성한 후, 옆 사람과 대화해보세요.

①

A 你家有几口人?
　Nǐ jiā yǒu jǐ kǒu rén?

B 我家有_____。
　Wǒ jiā yǒu_____.

②

A 你有几个姐姐?
　Nǐ yǒu jǐ ge jiějie?

B 我有_____。
　Wǒ yǒu_____.

③

A 你做什么工作?
　Nǐ zuò shénme gōngzuò?

B 我不工作，我是_____。
　Wǒ bù gōngzuò, wo shì_____.

**3.** 중국어 문장은 한국어로 번역하고, 한국어 문장은 중국어로 번역해보세요.

① 爸爸、妈妈、哥哥、妹妹和我。

→ _____

② 他今年多大？

→ _____

③ 저희 집은 가족이 다섯 명이에요.

→ _____

④ 그는 일하지 않아요, 그는 대학생이에요.

→ _____

## 입에 착착! 발음연습 　🎧 06-6

▶▶ 잰말놀이(绕口令: ràokǒulìng): 다음을 읽고 따라 하면서 발음을 연습해 보세요.

### Shí shì shí, sì shí sì.
十是十，四是四。 10은 10, 4는 4야.

### Shísì shì shísì, sìshí shì sìshí.
十四是十四，四十是四十。 14는 14, 40은 40이야.

### Shísì bú shì sìshí, sìshí yě bú shì shísì.
十四不是四十，四十也不是十四。 14는 40이 아니고, 40도 14가 아니야.

## 퀴즈 퀴즈~ 중국 문화 어렵지 않아요!

**1** 우리나라와 마찬가지로 중국에도 명절이 있습니다. 양력 1월 1일은 원단(元旦 Yuándàn), 음력 정월 초하루인 설날(春节 Chūn Jié), 음력 5월 5일 단오절(端午节 Duānwǔ Jié), 그리고 음력 8월 15일의 중추절(中秋节 Zhōngqiū Jié) 등이 있습니다. 이중 중국의 가장 큰 명절은 바로 설날, 춘지에입니다. 춘지에에는 중국 각 지역에서 폭죽을 터트리며 새해맞이를 하는데요, 그렇다면 중국은 왜 설날에 폭죽을 터트릴까요?

① 가족들이 모두 모여서　　② 재미 있어서　　③ 액운을 쫓기 위해서

**2** 춘지에 아침이 되면 간단하게 차례를 지내고 가까운 친척들에게 세뱃돈을 줍니다. 또한 대련(对联 duìlián)이라고 해서 붉은색 종이에 검정색 또는 황금색으로 좋은 글을 써서 대문이나 기둥에 붙이거나 복(福 fú) 자를 거꾸로 붙여 복이 오기를 기원합니다. 이것은 발음에서 기인한 것으로 '倒(dào 반대로, 거꾸로)'의 발음과 '오다'라는 뜻을 가진 '到 dào'가 발음이 같기 때문이지요. 그렇다면 여기서 퀴즈! 중국어로 세뱃돈은 무엇이라고 할까요?

① 春节钱 (Chūn Jié qián)　　② 拜年钱 (bàinián qián)　　③ 压岁钱 (yāsuìqián)

중국인들은 설날이 되면 새해맞이 폭죽을 터트립니다. 이것은 바로 액운을 쫓기 위한 것인데요, 그 유래를 살펴보면 옛날에 '年(nián)'이라 불리는 괴물이 사람과 가축을 해치러 마을에 내려왔다가 불에 타는 대나무 소리를 듣고 놀라 도망간 것을 보고 사람들이 폭죽을 터트리기 시작했다고 합니다. 이 폭죽을 터트리는 것을 중국어로 '放鞭炮(fàng biānpào)'라고 합니다. 중국인들은 이 폭죽 터트리기에 많은 공을 들이는데, 심지어 1년 동안 춘절에 터트릴 폭죽을 사기 위해 돈을 모은다는 말이 있을 정도입니다. 폭죽이 크면 클수록 액운을 더 많이 쫓아준다고 믿기에 엄청난 금액을 들여 폭죽을 터트리지요. 그러나 이 폭죽 터트리기가 환경오염, 화재 등 많은 사고를 일으켜 대도시에는 현재 이 행위를 금지하고 있지만, 그래도 중국인들의 폭죽 터트리기 사랑은 여전히 진행 중입니다.

- 기타 명절
  - 元旦(원단) : '원단'이라는 말은 1949년 9월 27일 중국인민정치협상회의 제1차 전체회의에서 정식으로 지어진 것으로, 그 후로 양력 1월 1일은 '원단', 음력 정월 초하루는 '춘지에(春节)'라고 합니다.
  - 端午节(단오절) : 음력 5월 5일로 쭝즈(粽子 zòngzi : 찹쌀 속에 대추나 고기를 넣어 대나무잎에 싸서 찐 것)를 먹고 룽촨(龙船 lóngchuán : 뱃머리에 용의 모형을 장식한 배) 경기를 합니다. 이것은 우국충정으로 멱라강에 투신자살한 초나라의 애국시인 굴원(屈原 Qūyuán)을 기리기 위함입니다.
  - 中秋节(중추절) : 우리나라의 추석과 같습니다. 이날에는 온 가족이 모여 달에게 풍년과 가족의 안녕을 감사하는 제사를 지냅니다. 또한 달 구경, 달에 소원 빌기 등을 하며 달을 닮은 위에빙(月饼 yuèbǐng : 월병)을 만들어 친지들과 이웃 간에 나눠 먹습니다.

▶ 정답 ③

중국도 우리와 마찬가지로 세배를 한 뒤 세뱃돈을 받습니다. 이 세뱃돈을 중국어로 '压岁钱 yāsuìqián'이라고 합니다. 예전에 '祟(suì)'라는 귀신이 매년 춘지에 전날 밤에 아이들을 찾아와 이마를 건드렸는데, 이 귀신이 아이를 만지면 아이가 정신이 온전치 못하게 되어 부모들이 두려워했다고 합니다. 그러던 중 한 아이가 붉은 색 종이로 동전을 만든 뒤 찢어서 머리맡에 두었는데 귀신이 머리맡에 놓인 이 가짜 돈을 보고 무서워서 도망가자 그 뒤로 부모들이 귀신을 물리치는 가짜 돈을 만들어 주었다는 풍습이 바로 세뱃돈의 유래입니다. '祟(suì)'와 '岁(suì)'는 발음이 같기 때문에 지금의 '压岁钱(yāsuìqián)'이 생긴 것이지요. 한국의 세뱃돈을 주는 풍습도 중국에서 유래된 것이라고 하네요.

▶ 정답 ③

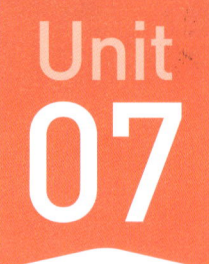

# 你的生日是几月几号?

Nǐ de shēngrì shì jǐ yuè jǐ hào?

당신의 생일은 몇 월 며칠이에요?

## Intro.

이번 과에서는 일상생활에서 자주 사용되는 날짜와 요일을 묻는 표현에 대해서 배워봅니다. 또한 상대방의 생일을 물어보고 축하하는 표현에 대해서도 배워봅니다.

### 날짜 관련 단어

今天 jīntiān 명 오늘 | 几 jǐ 대 몇 | 月 yuè 명 월 | 号 hào 명 일 | 星期 xīngqī 명 요일

### 생일 관련 단어

生日 shēngrì 명 생일 | 祝 zhù 동 축원하다, 빌다 | 快乐 kuàilè 형 즐겁다 |
蛋糕 dàngāo 명 케이크

 새 단어 🎧 07-1

### 회화 1

| 今天 | jīntiān | 명 오늘 |
| 月 | yuè | 명 월 |
| 号 | hào | 명 일 |
| 国庆节 | Guóqìng Jié | 명 국경절 ['중화인민공화국(中华人民共和国)'의 건국을 기념하는 날] |
| 星期 | xīngqī | 명 요일 |
| 星期六 | xīngqīliù | 명 토요일 |

### 회화 2

| 生日 | shēngrì | 명 생일 |
| 噢 | ō | 감 아! 오! |
| 祝 | zhù | 동 축원하다, 빌다 |
| 快乐 | kuàilè | 형 즐겁다 |

Unit 07. 你的生日是几月几号? 83

## 입에서 술술! 회화 1

🎧 07-2

### 💬 날짜 묻고 대답하기

**A** 今天是几月几号?
Jīntiān shì jǐ yuè jǐ hào?

**B** 十月一号。今天是中国的国庆节。
Shí yuè yī hào. Jīntiān shì Zhōngguó de Guóqìng Jié.

**A** 今天星期几?
Jīntiān xīngqī jǐ?

**B** 星期六。
Xīngqīliù.

---

### 표현 Tip

▶ '国庆节'는 중국의 국경절

국경절은 중화인민공화국(中华人民共和国)의 건국기념일로 매년 10월 1일입니다. 대부분 10월 1일부터 10월 7일까지 1주일간 쉬게 되며 중국 정부는 불꽃놀이와 콘서트를 비롯한 다양한 국경절 행사를 주관합니다. 최근에는 1주일간의 황금연휴 동안 많은 중국인 관광객들이 우리나라로 여행을 온다고 합니다. 그래서 이 기간 동안 많은 기업들이 여우커(游客 yóukè 중국인 여행객)들을 겨냥하여 각종 행사를 개최하여 중국인들의 소비를 촉진시켜 한국 경제에도 많은 도움이 된다고 합니다.

## 입에서 술술! 회화 2 🎧 07-3

💬 생일 묻고 대답하기

**A** 你的生日是几月几号?
Nǐ de shēngrì shì jǐ yuè jǐ hào?

**B** 八月十号。
Bā yuè shí hào.

**A** 噢，今天是你的生日，祝你生日快乐。
Ō, jīntiān shì nǐ de shēngrì, zhù nǐ shēngrì kuàilè.

**B** 谢谢。
Xièxie.

### 표현 Tip

▶ 날짜와 시간을 나타내는 목적어가 올 때에는 동사 '是'를 생략해도 되요!

목적어가 날짜, 숫자, 금액일 경우에는 '~이다'의 의미를 가진 동사 '是'를 생략해도 됩니다. 따라서 '오늘 몇 월 며칠이에요?'라는 문장은 '今天几月几号?'로, '당신 생일이 언제에요?'라는 문장은 '你的生日几月几号?'라고 물어볼 수 있습니다.
이렇게 동사가 없이 명사가 술어가 되는 문장을 명사술어문이라고도 합니다. 알아두세요!

## 실력이 쑥쑥! 문법

### 01 날짜를 물어보아요 几月几号?

날짜를 물어볼 때는 우리말과 똑같이 '몇 월 며칠'이라고 해서 '几月几号?'라고 물어봅니다. 이때 '几'에 이미 의문을 함축하고 있기에 뒤에 '吗'를 붙이지 않습니다. 문어체에서는 '号(hào)' 대신 '日(rì)'를 사용합니다.

A 明天几月几号? 내일은 몇 월 며칠이에요?
Míngtiān jǐ yuè jǐ hào?

B 明天十二月二十号。 내일은 12월 20일입니다.
Míngtiān Shí'èr yuè èrshí hào.

A 下星期三几月几号? 다음 주 수요일은 몇 월 며칠이에요?
Xià xīngqīsān jǐ yuè jǐ hào?

B 三月五号。 3월 5일입니다.
Sān yuè wǔ hào.

**Tip)** 날짜나 시간에 대해 이야기할 때 문장에 동사 '是'를 넣게 되면 강조의 의미가 더해집니다.
- 明天是十二月二十号。 Míngtiān shì Shí'èr yuè èrshí hào. 내일이 바로 12월 20일입니다.

### 02 요일을 물어보아요 星期几?

요일을 물을 때는 '星期几'라고 합니다. '星期'는 '주, 요일'이라는 뜻으로 고대에 별의 주기를 이용해서 날짜를 계산했기 때문에 '星期几'라고 묻습니다. 대답은 '星期' 뒤에 숫자를 넣어 표시하며, 일요일만 '星期天'이라고 하는 것에 주의해야 합니다. '星期' 대신에 '礼拜(lǐbài)'라고도 할 수 있습니다.

A 明天星期几? 내일은 무슨 요일이에요?
Míngtiān xīngqī jǐ?

B 星期天。 일요일이에요.
Xīngqītiān.

A 九月十四号星期几? 9월 14일은 무슨 요일이에요?
Jiǔ yuè shísì hào xīngqī jǐ?

B 星期五。 금요일이에요.
Xīngqīwǔ.

---

**단어** 明天 míngtiān 명 내일 | 下星期三 xià xīngqīsān 다음 주 수요일 | 新年 xīnnián 명 새해 | 周末 zhōumò 명 주말

## 03 날짜와 요일을 말해요

| 星期一 | 星期二 | 星期三 | 星期四 | 星期五 | 星期六 | 星期天 |
|---|---|---|---|---|---|---|
| xīngqīyī | xīngqī'èr | xīngqīsān | xīngqīsì | xīngqīwǔ | xīngqīliù | xīngqītiān |
| 월요일 | 화요일 | 수요일 | 목요일 | 금요일 | 토요일 | 일요일 |

| 上(个)星期 | 这(个)星期 | 下(个)星期 |
|---|---|---|
| shàng (ge) xīngqī | zhè (ge) xīngqī | xià (ge) xīngqī |
| 지난주 | 이번 주 | 다음 주 |
| 上个月 | 这个月 | 下个月 |
| shàng ge yuè | zhè ge yuè | xià ge yuè |
| 지난달 | 이번 달 | 다음 달 |

| 前天 | 昨天 | 今天 | 明天 | 后天 |
|---|---|---|---|---|
| qiántiān | zuótiān | jīntiān | míngtiān | hòutiān |
| 그제 | 어제 | 오늘 | 내일 | 모레 |

## 04 생일 축하해요! 祝你生日快乐!

'祝' 뒤에는 구체적인 바람이나 축원의 내용이 옵니다.

- 祝你新年快乐!    새해 복 많이 받으세요!
  Zhù nǐ xīnnián kuàilè!

- 祝你圣诞节快乐!    메리 크리스마스!
  Zhù nǐ Shèngdàn Jié kuàilè!

- (祝你)周末快乐!    주말 잘 보내세요!
  (Zhù nǐ) Zhōumò kuàilè!

**Tip) 중국의 명절과 그 외 기념일**

春节 Chūn Jié  춘절, 설 (음력 1월1일)   劳动节 Láodòng Jié  노동절 (5월 1일)

儿童节 Értóng Jié  어린이날 (6월 1일)   中秋节 Zhōngqiū Jié  추석 (음력 8월 15일)

国庆节 Guóqìng Jié  국경절 (10월 1일)   圣诞节 Shèngdàn Jié  크리스마스 (12월 25일)

情人节 Qíngrén Jié  발렌타인 데이 (2월 14일)   光棍节 Guānggùn Jié  솔로의 날 (11월 11일)

## 중국어 UP! 표현 더하기 ➕  🎧 07-4

>> 새로운 단어들을 이용해 앞에서 배운 표현을 연습해봅시다.

### 언제, 무엇을 하나요? – 계획 이야기하기

**A** 你什么时候去中国? 당신은 언제 중국에 가나요?
Nǐ shénme shíhou qù Zhōngguó?

**B** 我三月七号去中国。 저는 3월 7일에 중국에 가요.
Wǒ sān yuè qī hào qù Zhōngguó.

**A** 你下星期三有空吗? 당신 다음 주 수요일에 시간 있나요?
Nǐ xià xīngqīsān yǒu kòng ma?

**B** 没有，我下星期三有考试。 아니요, 저 다음 주 수요일에 시험이 있어요.
Méiyǒu, wǒ xià xīngqīsān yǒu kǎoshì.

**Tip** 중국어의 시간부사는 주어 앞과 뒤에 모두 놓일 수 있습니다.
예 三月七号我去中国。= 我三月七号去中国。

**단어**
什么时候 shénme shíhou 대 언제 | 有空 yǒukòng 틈이 나다 | 考试 kǎoshì 명 동 시험(보다)

# 중국어 UP! 단어 더하기 ➕

🎧 07-5

## 1. 띠를 나타내는 단어

A 你属什么？ Nǐ shǔ shénme? 당신은 무슨 띠인가요?
B 我属鼠。 Wǒ shǔ shǔ. 저는 쥐띠입니다.

| 鼠 shǔ 쥐 | 牛 niú 소 | 虎 hǔ 호랑이 |
|---|---|---|
| 兔 tù 토끼 | 龙 lóng 용 | 蛇 shé 뱀 |
| 马 mǎ 말 | 羊 yáng 양 | 猴 hóu 원숭이 |
| 鸡 jī 닭 | 狗 gǒu 개 | 猪 zhū 돼지 |

## 2. 생일 선물

| 照相机 zhàoxiàngjī 카메라 | 化妆品 huàzhuāngpǐn 화장품 | 手机 shǒujī 휴대전화 | 领带 lǐngdài 넥타이 |
|---|---|---|---|
| 鲜花 xiānhuā 꽃 | 首饰 shǒushì 액세서리 | 钱包 qiánbāo 지갑 | 现金 xiànjīn 현금 |
| 香水 xiāngshuǐ 향수 | 手表 shǒubiǎo 손목시계 | 鞋子 xiézi 신발 | 手包 shǒubāo 핸드백 |

**마무리 쏙쏙! 연습문제**  🎧 07-6

**1.** 빈칸에 알맞은 글자와 발음을 써 넣으세요.

① ☐ 日   shēng_____   ② 今 ☐   _____tiān

③ ☐ 乐   kuài_____   ④ 星 ☐   _____qī

**2.** 다음 그림에 해당하는 내용을 넣어 대화를 완성한 후, 옆 사람과 대화해보세요.

①

A 春节几月几号?
　Chūn Jié jǐ yuè jǐ hào?

B 春节是农历_____。
　Chūn Jié shì nónglì_____.

②

A 八月三十一号星期几?
　Bā yuè sānshíyī hào xīngqī jǐ?

B 八月三十一号_____。
　Bā yuè sānshíyī hào_____.

③

A 今天是几月几号?
　Jīntiān shì jǐ yuè jǐ hào?

B _____。今天是_____。
　_____. Jīntiān shì _____.

단어  农历 nónglì 명 음력

3. 중국어 문장은 한국어로 번역하고, 한국어 문장은 중국어로 번역해보세요.

① 今天是几月几号？

→ _____

② 今天是你的生日，祝你生日快乐。

→ _____

③ 오늘은 중국의 국경절입니다.

→ _____

④ 당신의 생일은 몇 월 며칠이에요?

→ _____

## 입에 착착! 발음연습  🎧 07-6

>> 다음을 잘 읽어보고, 날짜 말하기 연습을 해보세요.

① Jīntiān shì èr líng yī qī nián shí'èr yuè èrshísì hào xīngqīsì.
今天是二零一七年十二月二十四号星期四。
오늘은 2017년 12월 24일 목요일입니다.

② Míngtiān shì shí'èr yuè èrshíwǔ hào xīngqīwǔ, Shèngdàn Jié.
明天是十二月二十五号星期五，圣诞节。
내일은 12월 25일 금요일, 크리스마스입니다.

③ Xià ge xīngqīliù shì èr líng yī bā nián yī yuè èr hào.
下个星期六是二零一八年一月二号。
다음 주 토요일은 2018년 1월 2일입니다.

## 퀴즈 퀴즈~ 중국 문화 어렵지 않아요!

**1** 요즘 명동에 가면 한국인보다 더 많은 중국인들을 볼 수 있는데요, 이 중국인 여행객들이 한국에 오면 필수로 사가는 것이 있다고 합니다. 그 필히 사간다는 품목! 바로 한국 화장품(韩国化妆品 Hánguó huàzhuāngpǐn)입니다. 로드샵부터 비싼 브랜드 화장품까지, 한국 화장품의 인기는 꾸준하다고 하네요. 그렇다면 여기서 퀴즈! 한국 화장품에서 가장 불티나게 팔린다는 '에어쿠션'은 중국어로 무엇일까요? 힌트! 에어와 쿠션을 합해서 만든 말입니다!

① BB霜 (BBshuāng)　　② 面膜 (miànmó)　　③ 气垫粉 (qìdiànfěn)

**2** 중국도 우리나라와 마찬가지로 생일이나 특별한 날 선물을 주고 받습니다. 단 선물을 줄 때 주의해야 할 점이 있는데요, 첫 번째는 바로 받은 자리에서 뜯어보지 않는 것입니다. 선물을 받은 자리에서 바로 뜯어 본다면 예의가 없다라는 생각을 하기 때문이지요. 두 번째는 바로 중국사람들이 금기하는 선물은 주면 안 된다는 것입니다. 우리나라도 국화꽃이나 신발과 같이 선물을 해서는 안 되는 것들이 있는 것처럼 중국 도 금기시하는 선물이 있습니다. 이것은 해음(谐音 xiéyīn) 현상 때문에 그런 것인데요, 발음이 비슷한 것 들, 예를 들어 숫자 4(四 sì)가 '죽을 死(sǐ)'와 발음이 같아서 싫어하는 것처럼 발음 때문에 금기해야 할 선물들이 있답니다. 그럼 다음 보기 중 어떤 선물이 금기하는 선물일까요?

① 시계 (钟 zhōng)　　② 사과 (苹果 píngguǒ)　　③ 레드와인 (红酒 hóngjiǔ)

에어쿠션은 중국어로 ③번 '气垫粉'이라고 하는데 '공기(气 qì)'와 '쿠션(垫 diàn)', 거기에 '파운데이션, 분'을 나타내는 단어 '粉(fěn)'이 합해져서 만들어진 말입니다. 중국인 여행객들이 한국에 오면 개수에 상관없이 무조건, 이 에어쿠션을 사간다고 합니다. 에어쿠션과 더불어 잘 팔리는 품목은 바로 ①번 'BB霜(BBshuāng 비비크림)'과 ②번 '面膜(miànmó 마스크팩)'라고 하네요. 중국에도 한국의 로드샵과 브랜드 화장품을 팔지만 한국에서 사면 가격도 저렴하고, 종류도 훨씬 더 다양하며 많은 샘플을 받아갈 수 있어서 한국에 오면 반드시 사야 하는 필수 품목이 되었답니다.

한국 여행 시 꼭 사가야 하는 품목으로는 한국 화장품 외에 홍삼(红参 hóngshēn)과 인삼(人参 rénshēn)이 보양식품으로 잘 팔린다고 하고요, 비행기 탈 때 중국인들이 항상 양손에 들고 있다는 전기밥솥(电饭锅 diànfànguō)과 착즙기(榨汁器 zhàzhīqì)도 빠질 수 없습니다. 그 외에도 간식거리로는 초코파이(巧克力派 qiǎokèlìpài)와 자장라면(炸酱拉面 zhájiàng lāmiàn)을 사간다고 하네요.

■ 한국 화장품 브랜드

美思 Měisī 미샤 / 菲诗小铺 Fēishī xiǎopù 더 페이스 샵 / 悦诗风吟 Yuèshīfēngyín 이니스프리 / 雪花秀 Xuěhuāxiù 설화수 / 兰芝 Lánzhī 라네즈 / 伊思 Yīsī 잇츠스킨 / WHOO后 WHOO Hòu 후 / 赫拉 Hèlā 헤라 / 梦妆 Mèngzhuāng 마몽드 / 韩秀丽 Hánxiùlì 수려한 / 亦博 Yìbó 아이오페 / 思亲肤 Sīqīnfū 스킨푸드 / 魔法森林 Mófǎsēnlín 토니모리 / 伊蒂之屋 Yīdìzhīwū 에뛰드 하우스

▶ 정답 ③

중국인들이 선물로 금기하는 것들로는 '시계(钟 zhōng)', '배'(梨 lí)', '우산(伞 sǎn)', '부채(扇子 shànzi)' 등이 있습니다. 바로 해음(谐音 xiéyīn) 현상 때문에 그런 것인데요, 시계의 발음인 'zhōng'은 '임종을 지켜보다, 장례를 치르다'의 의미인 '送终(sòngzhōng)'과 발음이 비슷해서, 배의 발음 'lí'는 '이별하다'의 '离(lí)'와, 우산의 발음 'sǎn'은 '헤어지다, 흩어지다'의 의미인 '散(sǎn)'과 발음이 비슷하기 때문에 그렇습니다.

그렇다면 중국인들은 어떤 선물을 좋아할까요? 바로 귀한 술과 담배, 그리고 사과, 차(茶), 한국 화장품 등을 좋아한다고 하네요. 술 중에서는 레드와인(红酒)을 좋아하는데, 붉은색을 좋아하는 중국인들의 문화와 더불어 받는 이에 대한 존귀함을 표시하기 때문이고요, 사과는 사과(苹果)의 발음 'píngguǒ'의 'píng'이 '평안(平安 píng'ān)과 비슷하기 때문입니다. 그리고 최근 한국 화장품의 인기로 한국 화장품을 선물 받는 것, 그 중에서도 설** 화장품을 매우 좋아한다고 하네요.

▶ 정답 ①

Unit 07. 你的生日是几月几号? 93

# 现在几点?
Xiànzài jǐ diǎn?

지금 몇 시예요?

## Intro.

이번 과에서는 시간을 묻고 답하며, 주말의 계획에 대해 묻고, 시간 약속을 정해보는 표현에 대해서 배워봅니다.

### 시간 관련 단어

现在 xiànzài 명 지금 | 点 diǎn 명 시 | 分 fēn 명 분 | 半 bàn 수 반, 30분 | 刻 kè 양 15분 |
差 chà 형 부족하다, 모자라다

### 약속 잡기 관련 단어

周末 zhōumò 명 주말 | 要 yào 조동 ~하려고 하다 | 买衣服 mǎi yīfu 옷 사기 |
看电影 kàn diànyǐng 영화 관람 | 见面 jiànmiàn 동 만나다

머리에 쏙쏙! 새 단어   08-1

| 现在 | xiànzài | 명 지금 |
| 点 | diǎn | 명 시 |
| 分 | fēn | 명 분 |
| 银行 | yínháng | 명 은행 |
| 关门 | guānmén | 동 문을 닫다 |
| 晚上 | wǎnshang | 명 저녁 |
| 半 | bàn | 수 반, 30분 |

| 周末 | zhōumò | 명 주말 |
| 要 | yào | 조동 ~하려고 하다 |
| 想 | xiǎng | 조동 ~하고 싶다 |
| 去 | qù | 동 가다 |
| 百货商店 | bǎihuòshāngdiàn | 명 백화점 |
| 买 | mǎi | 동 사다 |
| 衣服 | yīfu | 명 옷 |
| 见面 | jiànmiàn | 동 만나다 |
| 刻 | kè | 양 15분 |

## 입에서 술술! 회화 1 🎧 08-2

### 💬 시간 묻고 답하기

**A** 现在几点？
Xiànzài jǐ diǎn?

**B** 三点二十分。
Sān diǎn èrshí fēn.

**A** 银行几点关门？
Yínháng jǐ diǎn guānmén?

**B** 晚上五点半。
Wǎnshang wǔ diǎn bàn.

---

### 표현 Tip

▶ 시간은 동작 앞에!!

중국어도 우리말처럼 '몇 시에 ~을 하다'의 순으로 이야기합니다. 즉 시간 뒤에 동작이 나온다는 것을 잘 알아두세요!
예를 들어 '나는 아침 8시에 학교에 갑니다.'라고 한다면 '我早上八点去学校。(Wǒ zǎoshang bā diǎn qù xuéxiào.),', '나는 저녁 11시에 잡니다.'라고 한다면 '我晚上十一点睡觉。(Wǒ wǎnshang shíyī diǎn shuìjiào.)'라고 합니다.

## 입에서 술술! 회화 2

🎧 08-3

💬 주말 계획에 대해 말해보기

**A** 周末你要做什么？
Zhōumò nǐ yào zuò shénme?

**B** 我想去百货商店买衣服，我们一起去吧。
Wǒ xiǎng qù bǎihuòshāngdiàn mǎi yīfu, wǒmen yìqǐ qù ba.

**A** 好啊，几点见面？
Hǎo a, jǐ diǎn jiànmiàn?

**B** 九点一刻见面吧。
Jiǔ diǎn yí kè jiànmiàn ba.

### 표현 Tip

▶ '要'는 '원하다'와 '~하려고 하다'의 두 가지 의미를 가지고 있어요!

'要'는 먼저 동사로 '원하다'의 의미를 가지고 있습니다. '你要什么？ (Nǐ yào shénme? 무엇을 원하세요?)'처럼 사용할 수 있고, 다른 하나는 조동사로 '~하려고 하다'의 의미가 있어 동사 앞에 사용되어 '明年我要去中国。(Míngnián wǒ yào qù Zhōngguó. 내년에 저는 중국에 가려고 해요.)'로도 사용할 수 있습니다.

## 실력이 쑥쑥! 문법

### 01 시간을 물어보아요 现在几点?

시간은 우리말과 똑같이 '몇 시'라고 해서 '几点?'이라고 묻습니다. 대답은 일반적으로 '몇 시 몇 분'으로 대답하며 '15분', '30분', '~분 전'이라는 표현은 각각 다음의 단어를 사용해서 대답할 수 있습니다.

| 시간 표현 | 활용법 |
|---|---|
| 点 diǎn 시 | 两点 liǎng diǎn 2시 |
| 分 fēn 분 | 四点(零)五分 sì diǎn (líng) wǔ fēn 4시 5분<br>四点二十分 sì diǎn èrshí fēn 4시 20분 |
| 半 bàn 반(30분) | 十点半 shí diǎn bàn 10시 반 |
| 刻 kè 15분 | 十二点一刻 shí'èr diǎn yí kè 12시 15분 |
| 差 chà 모자라다 | 差五分三点 chà wǔ fēn sān diǎn 3시 5분 전 |

**Tip** '2시'는 '二点'이 아니라 '两点(liǎng diǎn)'이라고 합니다. 그러나 '12시'는 '十二点'이라고 합니다.

**A** 现在几点?  지금 몇 시인가요?
　　Xiànzài jǐ diǎn?

**B** 两点十五分。 2시 15분입니다. (= 两点一刻。 Liǎng diǎn yí kè.)
　　Liǎng diǎn shíwǔ fēn.

**A** 几点开始?  몇 시에 시작하나요?
　　Jǐ diǎn kāishǐ?

**B** ★早上九点半。 아침 9시 반이요.
　　Zǎoshang jiǔ diǎn bàn.

★ 관련 시간명사 ▶ 2과 단어 더하기+ 참조

### 02 조동사 要, 想

중국어에서 조동사는 능원동사(能愿动词 néngyuàn dòngcí)라고 하며 동사 앞에 쓰여 가능, 의지, 바람, 요구 등을 나타냅니다.

**❶ 要 yào : ~하려고 하다 (강한 의지)**

- 你要去哪儿?  당신은 어디에 가려고 하나요?
  Nǐ yào qù nǎr?

- 我要买智能手机。 저는 스마트폰을 사려고 해요.
  Wǒ yào mǎi zhìnéng shǒujī.

**단어** 开始 kāishǐ 동 시작하다, 개시하다 | 智能手机 zhìnéng shǒujī 명 스마트폰

❷ 想 xiǎng: ~ 하고 싶다, ~하려고 하다 (주관적 바람)

- 我**想**去中国旅游。  저는 중국으로 여행을 가고 싶어요.
  Wǒ xiǎng qù Zhōngguó lǚyóu.

- 你**想**怎么做?  당신은 어떻게 하고 싶은데요?
  Nǐ xiǎng zěnme zuò?

부정형은 要와 想 모두 '不想(bù xiǎng)'입니다.

- 我**不想**学习。  저는 공부하고 싶지 않아요.
  Wǒ bù xiǎng xuéxí.

- 我**不想**吃拉面。  저는 라면 먹고 싶지 않아요.
  Wǒ bù xiǎng chī lāmiàn.

## 03  동작이 연결돼서 나와요 연동문

한 문장 안에 동사가 두 개 이상 등장하는 문장을 '연동문'이라고 합니다. 이때 동사는 사건이 발생할 순서대로 써주면 됩니다.

- 我想**骑**自行车**去**。  저는 자전거를 타고 가고 싶어요.
  Wǒ xiǎng qí zìxíngchē qù.

- 我下星期**去**上海**出差**。  저는 다음 주에 상하이로 출장을 갑니다.
  Wǒ xià xīngqī qù Shànghǎi chūchāi.

## 04  제안을 나타내요 吧

'吧'는 문장 맨 마지막에 놓여 '~합시다'의 뜻으로 제안을 나타냅니다.

- 我们快走**吧**。  우리 빨리 가요.
  Wǒmen kuài zǒu ba.

- 一起去图书馆**吧**。  같이 도서관에 갑시다.
  Yìqǐ qù túshūguǎn ba.

---

**단어**  旅游 lǚyóu 동 여행하다 | 怎么 zěnme 부 어떻게 | 拉面 lāmiàn 명 라면 | 骑 qí 동 (자전거·말 등을) 타다 | 自行车 zìxíngchē 명 자전거 | 上海 Shànghǎi 지 상하이 | 出差 chūchāi 동 출장 가다 | 快 kuài 부 빨리 | 走 zǒu 동 걷다, 가다 | 图书馆 túshūguǎn 명 도서관

## 중국어 UP! 표현 더하기 ➕

🎧 08-4

>>> 새로운 단어들을 이용해 앞에서 배운 표현을 연습해봅시다.

### 동작을 연결시켜 말해요 – 연동문

❶ **我们去图书馆准备考试吧。** 우리 도서관에 가서 시험 준비해요.
  Wǒmen qù túshūguǎn zhǔnbèi kǎoshì ba.

❷ **我想去香港玩一玩。** 저는 홍콩에 가서 좀 놀고 싶어요.
  Wǒ xiǎng qù Xiānggǎng wán yi wán.

❸ **我们去哪儿吃饭?** 우리 어디 가서 밥 먹을까요?
  Wǒmen qù nǎr chī fàn?

> **Tip** 玩一玩 : '동사 + 一(yi) + 동사'는 가벼운 동작, 행위를 나타내거나 시도의 의미를 나타냅니다.
> 이때 '一(yī)'는 경성(yi)으로 발음합니다.
> ★ 동사 중첩 ▶ 9과 참조

**단어**
准备 zhǔnbèi 동 준비하다 | 香港 Xiānggǎng 지 홍콩 | 玩 wán 동 놀다

## 중국어 UP! 단어 더하기 ➕    🎧 08-5

### 1. 장소를 나타내는 단어

| 学校 xuéxiào | 银行 yínháng | 医院 yīyuàn |
|---|---|---|
| 학교 | 은행 | 병원 |
| 火车站 huǒchēzhàn | 地铁站 dìtiězhàn | 机场 jīchǎng |
| 기차역 | 지하철역 | 공항 |
| 超市 chāoshì | 书店 shūdiàn | 百货商店 bǎihuòshāngdiàn |
| 슈퍼마켓 | 서점 | 백화점 |
| 公园 gōngyuán | 网吧 wǎngbā | 洗手间 xǐshǒujiān |
| 공원 | PC방 | 화장실 |
| 电影院 diànyǐngyuàn | 饭店 fàndiàn | 餐厅 cāntīng |
| 극장 | 호텔 | 식당 |

### 2. 장소 관련 단어

| 存款 cúnkuǎn | 取钱 qǔqián | 换钱 huànqián | 打折 dǎzhé |
|---|---|---|---|
| 예금하다 | 출금하다 | 환전하다 | 세일하다 |
| 上课 shàngkè | 买东西 mǎi dōngxi | 点菜 diǎncài | 上网 shàngwǎng |
| 수업하다 | 물건을 사다 | 음식을 주문하다 | 인터넷을 하다 |
| 散步 sànbù | 吃药 chī yào | 感冒 gǎnmào | 打针 dǎzhēn |
| 산책하다 | 약을 먹다 | 감기(에 걸리다) | 주사를 놓다 |

## 마무리 쓱쓱! 연습문제

**1.** 빈칸에 알맞은 글자와 발음을 써 넣으세요.

① ☐ 在   xiàn_____     ② ☐ 行   yín_____

③ 关 ☐   _____mén     ④ 衣 ☐   _____fu

**2.** 다음 그림에 해당하는 내용을 넣어 대화를 완성한 후, 옆 사람과 대화해보세요.

①

A 几点开始?
　Jǐ diǎn kāishǐ?

B 下午_____。
　Xiàwǔ_____.

②

A 几点见面?
　Jǐ diǎn jiànmiàn?

B 晚上_____。
　Wǎnshang_____.

③

A 你想去百货商店买什么?
　Nǐ xiǎng qù bǎihuòshāngdiàn mǎi shénme?

B 我_____。
　Wǒ_____.

**3.** 중국어 문장은 한국어로 번역하고, 한국어 문장은 중국어로 번역해보세요.

① 九点一刻见面吧。

→ _____

② 周末你要做什么?

→ _____

③ 은행은 몇 시에 문을 닫나요?

→ _____

④ 저는 백화점에 가서 옷을 사고 싶어요.

→ _____

## 입에 착착! 발음연습  08-6

» 다음을 잘 읽어보고, 시간 말하기 연습을 해보세요.

① **liǎng diǎn líng wǔ fēn**  两点零五分  2시 5분

② **wǔ diǎn shíwǔ fēn (= wǔ diǎn yíkè)**
   五点十五分 ( = 五点一刻)  5시 15분

③ **bā diǎn sānshí fēn (= bā diǎn bàn)**
   八点三十分 ( = 八点半)  8시 30분

④ **jiǔ diǎn èrshíwǔ fēn**  九点二十五分  9시 25분

⑤ **chà shíwǔ fēn shí diǎn (= chà yíkè shí diǎn)**
   差十五分十点 ( = 差一刻十点)  10시 15분 전

## 퀴즈 퀴즈~ 중국 문화 어렵지 않아요!

**1** 중국의 4대 미녀! 들어보셨나요? 바로 서시(西施 Xīshī), 왕소군(王绍君 Wáng Shàojūn), 초선(貂蝉 Diāochán), 양귀비(杨贵妃 Yáng Guìfēi)입니다. 그럼 여기서 퀴즈! 과거나 지금이나 미녀들의 기준은 바로 '베이비 페이스'여야 하는데요, 중국어로 이 '베이비 페이스'를 뭐라고 할까요?

① 瓜子脸 (guāzǐliǎn)    ② 娃娃脸 (wáwaliǎn)    ③ 圆脸 (yuánliǎn)

**2** 중국은 체면(面子 miànzi)을 굉장히 중요시합니다. 그것을 직접적으로 보여주는 것이 바로 결혼식인데요, 중국인들은 결혼식이 자신의 체면을 나타내는 것이라고 생각하여 결혼식 규모에 상당히 민감합니다. 또한 결혼식 시작 전에 신랑이 신부를 결혼식장으로 데리고 가는데요, 이때 외제차와 꽃, 그리고 우리나라의 '함잡이'처럼 요즘은 돈봉투로 신부의 친구과 가족들이 신랑을 가로막고 흥정한다고 합니다. 또한 결혼식 접대용 담배부터 술까지 모두 최고급, 최고가를 사용해서 자신의 체면을 뽐낸다고 하네요. 그럼 하객들은 결혼식 참석시 축의금은 일반적으로 얼마를 낼까요?

① 300~1000위안    ② 2000~4000위안    ③ 100~300위안

> 중국어로 '베이비 페이스'는 바로 '娃娃脸(wáwaliǎn)'이라고 합니다. '娃娃'는 '어린아이, 인형'이라는 뜻을 가진 단어로 중국어에서는 '동안'이라는 말로 사용되고 있습니다. ①번의 '瓜子脸(guāzǐliǎn)'은 길쭉한 종자, 씨를 빗댄 말로 우리말의 'V라인 얼굴'이라고 하며 ③번의 圆脸(yuánliǎn)은 '둥근 얼굴'을 나타냅니다. 이 밖에 중국도 한류의 열풍으로 한국식 화장법과 한국식 성형이 유행하고, 요즘은 강남과 압구정에 한류스타 사진을 들고 와서 성형을 해달라고 하는 중국인들이 많다고 합니다. 더불어 현대판 4대 중국 미녀로는 '리우이페이(刘亦菲 Liú Yìfēi)', '판빙빙(范冰冰 Fàn Bīngbīng)', '리빙빙(李冰冰 Lǐ Bīngbīng)', '안젤라베이비(杨颖 Yáng Yǐng)' 등을 꼽는다고 하네요.
>
> 중국의 4대 미녀 중, 서시는 와신상담(卧薪尝胆 wòxīn chángdǎn)에 나오는 인물로 오나라 부차(夫差 Fūchāi)가 월나라 구천(句践 Gōujiàn)에게 미인계로 서시를 보내는데 부차가 서시에 빠져 국가를 돌보지 않고 나라를 패망하게 만듭니다. 서시의 얼굴이 너무나 예뻐 물고기가 가라앉았다고 해서 서시를 바로 침어(沉鱼 chényú: 중국의 미녀 서시의 아름다움에 물고기가 헤엄치는 것도 잊고 가라앉았다는 '沉鱼落雁 chényú luòyàn'에서 유래)라고 합니다. 왕소군은 한나라 궁녀로 흉노족에게 보내지던 중 왕소군이 기러기를 보고 가야금을 연주하자 기러기들이 날개 움직이는 것을 잊고 떨어졌다 해서 낙안(落雁 luòyàn: 중국의 미녀 왕소군의 아름다움에 기러기가 날갯짓하는 것을 잊어 떨어졌다는 '沉鱼落雁 chényú luòyàn'에서 유래)이라고 하며, 초선은 삼국지에 나오는 미녀로 달이 초선의 아름다움을 보고 부끄러워 얼굴을 가렸다고 해서 폐월(闭月 bìyuè: 중국의 미녀 초선의 아름다움에 달이 부끄러워 구름 사이로 숨어버렸다는 '闭月羞花 bìyuè xiūhuā'에서 유래)이라고 합니다. 우리에게 가장 익숙한 양귀비는 당나라 현종의 비(妃)로 당나라 현종이 양귀비에 빠져 나라를 돌보지 않아 나라가 패망하였고 양귀비도 나라를 어지럽힌 죄로 안록산의 난 때 처형되었습니다.
>
> ▶ 정답 ②

> 중국은 우리나라의 결혼식과 다르게 주례 없이 사회자가 진행을 하며 하객들과 함께 모여 즐거운 잔치의 분위기로 결혼식이 진행됩니다. 결혼식 당일에 식장으로 가기 전 여러 대의 차를 빌려 신랑 신부의 가족들을 순서대로 태우고 결혼식 장으로 가는데요, 재력에 따라 차종과 차량수가 달라지게 됩니다. 결혼식 날짜는 화요일과 토요일이 최고의 길일이며 대부분 짝수 날짜, 그리고 8이 들어간 날짜와 시간을 선호합니다. 축의금 역시 짝수 금액으로 홍빠오(红包)에 넣어 줍니다. 금액은 50% 정도가 200~500위안, 30%가 500~800위안, 10%가 800~1000위안 정도라고 하는데요, 보통 회사원들의 월급이 7000위안(2016년 베이징 평균/상하이는 6500위안, 그 이외 도시들은 이에 비해 낮은 편임)인 것에 비해 축의금이 상당히 높다는 것을 알 수 있습니다. 그중 666위안, 888위안이 가장 선호하는 금액이며, 축의금을 가장 많이 낼 사람이 결혼식에 늦게 도착하면, 상황에 따라 결혼식이 늦춰지기도 한다고 하네요!
>
> ▶ 정답 ①

# Unit 09

# 多少钱?

Duōshao qián?

얼마예요?

## Intro.

이번 과에서는 중국의 화폐 단위를 알아보고 가격을 묻고 답하는 법에 대해서 배워봅니다.
또한 가격 흥정 방법과 동사의 중첩, 상태의 묘사 등에 대해서도 배워봅니다.

### 화폐 및 가격 관련 단어

多少 duōshao 부 얼마 | 钱 qián 명 돈 | 块 kuài 양 콰이, 위안 [중국의 화폐 단위] |
贵 guì 형 비싸다 | 便宜 piányi 형 싸다 | 一点儿 yìdiǎnr 양 약간

### 동사의 중첩과 상태 묘사 관련 단어

又……又…… yòu……yòu…… ~하면서 ~하다 | 甜 tián 형 달다 | 尝 cháng 동 맛보다

## 머리에 쏙쏙! 새 단어

🎧 09-1

### 회화 1

| 件 | jiàn | 양 벌 [옷을 세는 단위] |
| 毛衣 | máoyī | 명 스웨터 |
| 多少 | duōshao | 부 얼마 |
| 钱 | qián | 명 돈 |
| 百 | bǎi | 수 100, 백 |
| 十 | shí | 수 10, 십 |
| 块 | kuài | 양 콰이, 위안 [중국의 화폐 단위] |
| 贵 | guì | 형 비싸다 |
| 便宜 | piányi | 형 싸다 |
| 一点儿 | yìdiǎnr | 양 약간, 조금 |

### 회화 2

| 苹果 | píngguǒ | 명 사과 |
| 怎么 | zěnme | 대 어떻게 |
| 卖 | mài | 동 팔다 |
| 斤 | jīn | 양 근 |
| 又……又…… | yòu……yòu…… | ~하면서 ~하다 |
| 甜 | tián | 형 달다 |
| 尝 | cháng | 동 맛보다 |
| 给 | gěi | 동 주다 |
| 找 | zhǎo | 동 (잔돈을) 거슬러주다 |

Unit 09. 多少钱? 107

## 입에서 술술! 회화 1  🎧 09-2

### 가격 묻고 흥정하기

A  这件毛衣多少钱？
   Zhè jiàn máoyī duōshao qián?

B  二百六十块。
   Èrbǎi liùshí kuài.

A  太贵了，便宜一点儿吧。
   Tài guì le, piányi yìdiǎnr ba.

B  好的，二百三十块，怎么样？
   Hǎo de, èrbǎi sānshí kuài, zěnmeyàng?

---

**표현 Tip**

▶ 가격 흥정은 '讨价还价! (Tǎojià huánjià!)'

중국어로 가격 흥정은 '讨价还价(tǎojià huánjià)'라고 합니다. '价'가 가격을 나타내며, '讨'와 '还'은 서로 가격을 이야기하다라는 뜻이지요. 정찰제인 곳도 있지만 일반 재래시장이나 서울의 동대문 같은 대형쇼핑몰에서는 가격 흥정이 가능하니 물건을 살 때 가격을 한번 흥정해 보세요.

## 입에서 술술! 회화 2  09-3

### 가격 묻고 잔돈 받기

**A** 苹果怎么卖?
Píngguǒ zěnme mài?

**B** 一斤四块，又甜又便宜，你尝尝吧。
Yì jīn sì kuài, yòu tián yòu piányi, nǐ chángchang ba.

**A** 买两斤，给你十块。
Mǎi liǎng jīn, gěi nǐ shí kuài.

**B** 找你两块，谢谢。
Zhǎo nǐ liǎng kuài, xièxie.

### 표현 Tip

▶ 얼마예요? '多少钱?', '怎么卖?'

가격을 묻는 방법은 '多少钱?'과 '怎么卖?'로 물을 수 있습니다. '多少钱?'은 말 그대로 '돈이 얼마인지'를 묻는 것이고, '怎么卖?'는 '어떻게 팔아요?'라는 뜻으로 역시 판매방법 및 가격을 묻는 말입니다. 만약 가격이 10위안 이하라면 '几块钱?'이라고 물을 수도 있습니다. 이유는 숫자 10을 기준으로 그 이상은 '多少'로 묻고 그 이하는 '几'로 묻는 습관 때문에 그렇습니다.

## 실력이 쑥쑥! 문법

### 01 중국의 화폐단위 人民币

중국 돈은 인민폐(人民币 Rénmínbì)라고 하며 우리나라와 똑같이 10진법을 사용합니다.

| 块 kuài (= 元 yuán) | 우리말의 '원'에 해당하며, 돈을 세는 단위 중 가장 큰 단위 |
|---|---|
| 毛 máo (= 角 jiǎo) | 块보다 작은 단위 (10毛 = 1块) |
| 分 fēn | 가장 작은 단위 (10分 = 1毛) |

**Tip)** 회화에서는 모두 '块', '毛', '分'을 쓰지만, 문어체와 시험에서는 '元', '角'로 더 많이 나옵니다.

**┃금액 읽는 법**

3 9 . 4 5 ➡ 三十九块 四毛 五分  39위안 4마오 5펀
块       毛 分

소수점을 기준으로, 소수점 앞의 수는 '块(元)', 소수점 첫 번째 자리는 '毛(角)', 소수점 두 번째 자리는 '分'으로 읽습니다.

**❶ 二과 两(liǎng)**

- 1元 = 一块
- 2元 = **两块**　　　　　★ '二块'라고 하지 않고 '两块'라고 합니다.
- 20元 = **二十块**　　　★ 십 단위에서는 '二'로만 읽습니다.
- 200元 = **二百块 / 两百块**　★ 백 단위에서는 '二'과 '两' 둘 다 가능합니다.
- 2000元 = **两千块**　　★ 천 단위 이상부터는 '两'이라고 읽습니다.
- 20000元 = **两万块**
- 200.22元 = **两百块 两毛 两分 / 二百块 二毛 二分**
  ★ 소수점 첫 번째와 두 번째 자리의 2는 '二'과 '两' 둘 다 가능합니다.

**❷ 0(零 líng)이 들어갔을 경우**

- 105元 = 一百**零**五块　　★ 가운데 0은 꼭 읽어줍니다.
- 1005元 = 一千**零**五块　　★ 가운데 0이 여러 개일 경우에는 한 번만 읽습니다.
- 1050元 = 一千**零**五十块　★ 가운데 · 마지막에 모두 0이 있을 때는 다 읽어줍니다.
- 150元 = 一百五十块 / **一百五**块　★ 마지막의 0은 읽어줘도 되고 생략해도 되지만 대부분 생략해서 읽습니다.
- 10.03元 = 十块**零**三分　★ 소수점 첫 번째 자리의 0은 읽어줍니다.

**❸ 마지막 단위의 생략**

- 18元 = 十八(**块**)　　★ 화폐의 마지막 단위는 생략이 가능합니다.
- 36.8元 = 三十六块 八(**毛**)
- 254.78元 = 两百五十四块 七毛 八(**分**)

**Tip)** 회화에서 가격을 말할 때에는 뒤에 관용적으로 '钱'을 붙여 씁니다. 이때 마지막 단위는 생략하지 않습니다.

- 两千块钱 liǎngqiān kuài qián 2천 위안
- 十块零三分钱 shí kuài líng sān fēn qián 10.03위안

## 02  조금, 약간 一点儿

'一点儿'은 '조금, 약간'이라는 뜻의 양사로 동사 또는 형용사(술어) 뒤에 쓰여 '조금, 약간 ~하다'의 뜻을 나타냅니다.

- 我买一点儿水果。 저는 과일을 조금 삽니다.
  Wǒ mǎi yìdiǎnr shuǐguǒ.

- 有大一点儿的衣服吗? 좀 큰 옷 있어요?
  Yǒu dà yìdiǎnr de yīfu ma?

## 03  ~하면서 ~해요 又……又……

'又……又……'는 '~하면서 ~하다'의 뜻으로 두 가지 이상의 상황이나 성질이 동시에 존재함을 나타냅니다.

- 我最近又忙又累。 저는 요즘 바쁘기도 하고 피곤하기도 합니다.
  Wǒ zuìjìn yòu máng yòu lèi.

- 外边又下雨又刮风。 밖에 비도 오고 바람도 붑니다.
  Wàibian yòu xià yǔ yòu guāfēng.

## 04  한번 ~해보세요 동사 중첩

동사를 중첩해서(2번 사용) 사용하는 것은 가벼운 동작, 행위를 나타내거나 시도의 의미를 나타냅니다. 이때 뒤의 동사는 경성으로 발음합니다.

- 您坐坐吧。 좀 앉으세요.
  Nín zuòzuo ba.

- 咱们休息休息吧。 우리 좀 쉬어요.
  Zánmen xiūxi xiūxi ba.

**Tip)** 동사를 중첩해서 사용하기도 하지만 동사 뒤에 '一下(yíxià)'나 동사 사이에 '一(yī)'를 넣어서 사용해도 됩니다.
- 看一看。 Kàn yi kàn. 보세요. · 我试一下。 Wǒ shì yíxià. 제가 한번 해 볼게요.

**단어**  忙 máng 형 바쁘다, 틈이 없다 | 累 lèi 형 지치다, 피곤하다 | 刮风 guāfēng 동 바람이 불다 | 坐 zuò 동 앉다 | 咱们 zánmen 대 우리(들) | 休息 xiūxi 동 휴식하다, 쉬다 | 试 shì 동 시험삼아 해 보다

## 중국어 UP! 표현 더하기 +

🎧 09-4

»» 새로운 단어들을 이용해 앞에서 배운 표현을 연습해봅시다.

### 가격을 이야기해 보아요! – 화폐단위

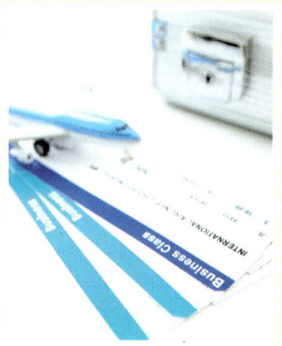

**A** 这本书怎么卖? 이 책은 어떻게 파세요?
　Zhè běn shū zěnme mài?

**B** 这本书是三十二块五毛钱。 이 책은 32.5위안입니다.
　Zhè běn shū shì sānshí'èr kuài wǔ máo qián.

**A** 飞机票多少钱? 비행기표는 얼마입니까?
　Fēijīpiào duōshao qián?

**B** 一张八百八十二元, 两张一千七百六十四元。
　Yì zhāng bābǎi bāshí'èr yuán, liǎng zhāng yìqiān qībǎi liùshísì yuán.
　한 장에 882위안이고, 1764위안입니다.

**A** 一杯茶加两杯咖啡多少钱? 차 한 잔과 커피 두 잔에 얼마입니까?
　Yì bēi chá jiā liǎng bēi kāfēi duōshao qián?

**B** 一共九十四块六毛三。 모두 94.63위안입니다.
　Yígòng jiǔshísì kuài liù máo sān.

**단어**
加 jiā 동 더하다, 보태다 | 一共 yígòng 부 모두, 합해서

## 중국어 UP! 단어 더하기 ➕   🎧 09-5

### 1. 가격 및 구매를 나타내는 단어

| 价格 jiàgé — 가격 | 价钱 jiàqián — 가격 | 半价 bànjià — 반값, 반액 |
| --- | --- | --- |
| 打折 dǎzhé — 할인, 세일 | 优惠 yōuhuì — 할인, 우대 | 买一送一 mǎiyī sòngyī — 원플러스원 |
| 现金 xiànjīn — 현금 | 信用卡 xìnyòngkǎ — 신용카드 | 不二价 bú'èrjià — 정찰 가격 |
| 优惠活动 yōuhuì huódòng — 할인 이벤트 | 积分卡 jīfēnkǎ — 적립카드 | 会员卡 huìyuánkǎ — 멤버십 카드 |

### 2. 맛을 나타내는 단어

| 味道 wèidao — 맛 | 甜 tián — 달다 | 咸 xián — 짜다 |
| --- | --- | --- |
| 酸 suān — 시다 | 苦 kǔ — 쓰다 | 淡 dàn — 싱겁다 |
| 油腻 yóunì — 느끼하다 | 辣 là — 맵다 | 麻 má — (혀가 얼얼할 정도로) 매우 맵다 |
| 清淡 qīngdàn — 담백하다 | 香 xiāng — 맛있다 | 不好吃 bù hǎochī — 맛없다 |

Unit 09. 多少钱?

## 마무리 쏙쏙! 연습문제

**1.** 빈칸에 알맞은 글자와 발음을 써 넣으세요.

① ☐ 么  zěn _____

② 便 ☐  _____ yi

③ ☐ 衣  máo _____

④ ☐ 儿  yìdiǎn _____

**2.** 다음 그림에 해당하는 내용을 넣어 대화를 완성한 후, 옆 사람과 대화해보세요.

①

A 这个苹果多少钱?
Zhè ge píngguǒ duōshao qián?

B _____。
_____.

②

A 这个面包多少钱?
Zhè ge miànbāo duōshao qián?

B _____。
_____.

③

A 这件衣服多少钱?
Zhè jiàn yīfu duōshao qián?

B _____。
_____.

3. 중국어 문장은 한국어로 번역하고, 한국어 문장은 중국어로 번역해보세요.

① 二百六十块。

→ _____

② 买两斤，给你十块。

→ _____

③ 너무 비싸요, 좀 싸게 주세요.

→ _____

④ 이 스웨터 얼마예요?

→ _____

## 입에 착착! 발음연습  🎧 09-6

» 다음을 잘 읽어보고, 가격 말하기 연습을 해보세요.

① **liù kuài wǔ máo**
   六块五毛   6.5위안

② **èrshíbā kuài jiǔ máo wǔ**
   二十八块九毛五   28.95위안

③ **sìbǎi èrshísān kuài wǔ máo èr**
   四百二十三块五毛二   423.52위안

④ **sānqiān liùbǎi sìshíjiǔ kuài liǎng máo wǔ**
   三千六百四十九块两毛五   3649.25위안

## 퀴즈 퀴즈~ 중국 문화 어렵지 않아요!

**1.** 인터넷의 발달은 중국인들의 생활을 많이 변화시켰습니다. 그 중에서 단연 으뜸은 바로 '택배 서비스'인데요, 인터넷의 발달로 인해 택배 서비스가 폭발적으로 증가하였고 또한 전화 한 통, 클릭 한 번이면 커피 한 잔까지 모든 것이 배달 가능한 시대가 되었습니다. 배달과 택배 서비스의 발전에 따라 택배 회사들도 우후죽순처럼 생겨났는데요, 실제로 수도권 대학 정문 앞에는 이 택배 회사들이 각각 줄을 지어 배송, 대행을 해주고 있습니다. 그렇다면 중국어로 '택배'는 어떻게 말할까요?

① 送餐 (sòng cān)　　② 快递 (kuàidì)　　③ 送货上门 (sònghuò shàngmén)

 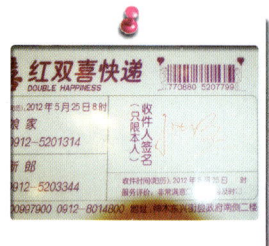 

**2.** 중국도 우리나라만큼 인터넷과 SNS가 발달하였는데요, 따라서 요즘 대학생들과 젊은 세대들은 자신만의 공간에 사진을 올리고 자신의 근황을 전하며 SNS로 친구들과 소통하고 지냅니다. SNS는 중국어로 '社交网站 shèjiāo wǎngzhàn'이라고 하며, 중국에서 유명한 SNS로는 '위챗(微信 Wēixìn)', '웨이보(微博 Wēibó)', 'QQ(QQ)', '런런(人人网 Rénrénwǎng)' 등이 있습니다. 그렇다면 인터넷 상에서 인기 있는 사람을 뜻하는 말은 다음 중 무엇일까요?

① 粉丝 (fěnsī)　　② 博客 (bókè)　　③ 网红 (wǎnghóng)

❓ 인터넷이 발달하기 전의 중국은 택배 서비스의 개념이 우리나라에 비해 많이 약했습니다. 하지만 인터넷의 발달과 '90后(90년대 이후 출생자)'들의 인터넷 쇼핑이 중국의 택배 서비스를 성장하게 만들었지요. 베이징인쇄학원의 2015년 조사에 따르면 한 해 동안 택배 포장에 쓰인 접착테이프를 모두 붙이면 지구를 422번 감을 수 있고, 택배용 포장 상자는 99억 개, 비닐 포장지는 82억 6,000개가 사용되었다고 합니다. '배송 문화'와 '배달 문화'의 발전은 택배회사로 하여금 무한한 성장을 가능케 하여 미국 주식시장에 상장까지 해냈습니다. 중국어로 택배는 ②번 '快递(kuàidì)'라고 하며, 현재 중국에서 인기 있는 택배회사로는 '跨越(Kuàyuè)', '顺丰(Shùnfēng)', '圆通(Yuántōng)', '韵达(Yùndá)' 등이 있으며 중국 최대 포털사이트 '百度(Bǎidù)' 역시 택배 사업에 뛰어들어 스타벅스 커피 한 잔까지도 배달해주는 사업을 벌이고 있습니다.

보기의 ①번의 '送餐(sòng cān)'은 '음식 배달 서비스'를 말하며 ③번의 '送货上门(sònghuò shàngmén)'은 '상품을 집앞까지 배달해주는 서비스'를 일컫는 말입니다.

▶ 정답 ②

❓ 최근 중국의 트렌드를 선도하며 막대한 영향력을 끼치고 있는 온라인상에서의 스타급 개인 방송 운영자 혹은 파워 블로거를 일컫는 말을 ③번 '网红(wǎnghóng)'이라고 하는데, 이 단어는 '网络红人(wǎngluò hóngrén)'을 줄여 만든 신조어로 인터넷 상에서 인기 있는 사람을 나타냅니다. 이들은 자신의 SNS 커뮤니티를 통해 화장품, 의류, 각종 상품 등을 소개하는데 이것이 직접적인 판매로 이어지면서 막대한 영향력을 미치고 있습니다. 이러한 추세에 따라 중국 매출 의존도가 높은 우리나라 기업들은 왕홍을 이용하여 다양한 마케팅으로 중국 소비자들을 끌어들이고 있습니다. 이들의 경제적 가치가 대략 1천억 위안(한화 18조원) 이상이라고 하니 국내 기업들은 물론 정부까지 나서서 왕홍을 초청하여 마케팅 활용수단으로 적극 활용한다고 합니다.

보기 ①번 粉丝(fěnsī)는 '팬'을 의미하며 ②번 博客(bókè)는 '블로그'를 나타내는 단어입니다.

▶ 정답 ③

# Unit 10

# 百货商店在哪儿?

Bǎihuòshāngdiàn zài nǎr?

백화점이 어디에요?

### Intro.

이번 과에서는 길을 묻고 답하는 표현에 대해 알아보고 교통수단과 장소, 위치, 시간의 양을 나타내는 시량사에 대해서 배워봅니다.

#### 길 묻고 답하기 관련 단어

在 zài 동 ~에 있다 | 哪儿 nǎr 대 어디 | 附近 fùjìn 명 근처, 부근 | 走 zǒu 동 가다 | 往 wǎng 전 ~쪽으로 | 前 qián 명 앞 | 到 dào 동 도착하다 | 十字路口 shízilùkǒu 명 사거리 | 右 yòu 명 오른쪽 | 拐 guǎi 동 돌다, 꺾다

#### 교통수단과 시량사 관련 단어

坐 zuò 동 타다 | 大巴 dàbā 명 버스 | 得 děi 조동 (시간이) 걸리다 | 多长 duōcháng 얼마나 긴 | 时间 shíjiān 명 시간 | 小时 xiǎoshí 명 시간 [시간의 양을 나타냄]

🎧 10-1

### 회화 1

| 请问 | qǐng wèn | 말씀 좀 묻겠습니다 |
| 在 | zài | 동 ~에 있다  전 ~에서 [장소를 나타냄] |
| 哪儿 | nǎr | 대 어디 |
| 北京大学 | Běijīng Dàxué | 명 베이징 대학 |
| 附近 | fùjìn | 명 근처, 부근 |
| 走 | zǒu | 동 가다 |
| 往 | wǎng | 전 ~쪽으로 |
| 前 | qián | 명 앞, 앞쪽 |
| 到 | dào | 동 도착하다 |
| 十字路口 | shízìlùkǒu | 명 사거리 |
| 右 | yòu | 명 오른쪽 |
| 拐 | guǎi | 동 돌다, 꺾다 |

### 회화 2

| 机场 | jīchǎng | 명 공항 |
| 要 | yào | 조동 ~해야 한다 |
| 坐 | zuò | 동 타다 |
| 大巴 | dàbā | 명 버스 |
| 离 | lí | 전 ~에서 |
| 远 | yuǎn | 형 멀다 |
| 多长 | duōcháng | 얼마나 긴 |
| 时间 | shíjiān | 명 시간 |
| 比较 | bǐjiào | 부 비교적 |
| 得 | děi | 조동 (시간이) 걸리다 |
| 小时 | xiǎoshí | 명 시간 [시간의 양을 나타냄] |

Unit 10. 百货商店在哪儿?

입에서 술술! 회화 1　　　🎧 10-2

### 길의 방향 묻고 답하기

**A** 请问，百货商店在哪儿？
Qǐng wèn, bǎihuòshāngdiàn zài nǎr?

**B** 在北京大学附近。
Zài Běijīng Dàxué fùjìn.

**A** 北京大学怎么走？
Běijīng Dàxué zěnme zǒu?

**B** 往前走，到十字路口，往右拐。
Wǎng qián zǒu, dào shízìlùkǒu, wǎng yòu guǎi.

---

**표현 Tip**

▶ 말씀 좀 물을게요. '请问!'

'请问'은 공손한 표현을 나타내는 '请'과 '묻다'의 의미를 가진 '问'이 합쳐진 말로 길을 묻거나, 상대방에게 무언가를 물을 때 사용하는 표현입니다. '劳驾(láojià)', '打扰一下(dǎrǎo yíxià)'라고도 물을 수 있으나 최근에는 '你好'를 '실례합니다'처럼 사용하여 길을 물을 때 '你好'라고 해도 무방합니다.

## 입에서 술술! 회화 2 🎧 10-3

💬 **교통수단에 대해 이야기하기**

**A** 机场怎么去？
Jīchǎng zěnme qù?

**B** 要坐机场大巴。
Yào zuò jīchǎng dàbā.

**A** 离这儿远吗？要多长时间？
Lí zhèr yuǎn ma? Yào duōcháng shíjiān?

**B** 比较远，得一个小时。
Bǐjiào yuǎn, děi yí ge xiǎoshí.

### 표현 Tip

▶ 어떻게 가요? '怎么去？', '怎么走？'

'怎么去？', '怎么走？'는 모두 '어떻게 가나요?'라는 뜻이지만 의미상 차이가 있습니다.
일반적으로 '怎么去？'는 주로 교통방식을 나타내며, '怎么走？'는 길의 방향을 나타냅니다.

**A** 学校怎么去？　Xuéxiào zěnme qù?
**B** 坐公交车去。　Zuò gōngjiāochē qù.

**A** 学校怎么走？　Xuéxiào zěnme zǒu?
**B** 往前走就到了。　Wǎng qián zǒu jiù dào le.

**단어** 公交车 gōngjiāochē 명 (대중교통) 버스

## 실력이 쑥쑥! 문법

### 01 어디에 있나요? 在哪儿?

'在'는 동사로 '~에 있다'라는 뜻입니다. 뒤에 의문대명사 '哪儿'을 사용해서 '~이 어디에 있습니까?'라고 물어볼 때 쓰는 표현입니다.

- 新华书店在哪儿? 신화서점이 어디에 있나요?
  Xīnhuá Shūdiàn zài nǎr?

- 洗手间在哪儿? 화장실이 어디에요?
  Xǐshǒujiān zài nǎr?

**Tip** '在'는 '~에서'라는 뜻의 전치사로도 쓰입니다. 전치사는 주로 주어와 동사 사이에 명사를 동반하여 쓰이므로 동사 '在'와는 위치로 구분할 수 있습니다!

- 你在哪儿? Nǐ zài nǎr? 당신은 어디에 있나요? ▶동사 在
- 我在家看电视。 Wǒ zài jiā kàn diànshì. 저는 집에서 텔레비전을 봅니다. ▶전치사 在

### 02 방향을 나타내요 往

'往'은 '~를 향해서'라는 뜻의 전치사로 뒤에 방위사와 함께 쓰여 술어 앞에서 방향을 나타냅니다.

- 一直往前走。 곧장 앞으로 가세요.
  Yìzhí wǎng qián zǒu.

- 往下看。 아래를 보세요.
  Wǎng xià kàn.

### 03 타세요 坐

'坐'는 원래 '앉다'라는 뜻이지만 뒤에 교통수단을 나타내는 단어가 오면 '~을 타다'라는 뜻이 됩니다.

- 我坐地铁去学校。 저는 지하철을 타고 학교에 갑니다.
  Wǒ zuò dìtiě qù xuéxiào.

- 你坐出租车走吧。 당신은 택시를 타고 가세요.
  Nǐ zuò chūzūchē zǒu ba.

---

**단어** 书店 shūdiàn 명 서점 | 洗手间 xǐshǒujiān 명 화장실 | 电视 diànshì 명 텔레비전 | 一直 yìzhí 부 계속, 줄곧 | 下 xià 명 밑, 아래 | 地铁 dìtiě 명 지하철 | 出租车 chūzūchē 명 택시

## 04  ~로부터, ~에서 离

'离'는 '~로부터, ~에서'라는 뜻의 전치사로 시간, 공간적 거리의 기준점을 나타냅니다. 뒤에 장소나 시간을 나타내는 단어와 함께 쓰여 술어 앞에 위치합니다.

- 离这儿不太远。  여기서 그다지 멀지 않아요.
  Lí zhèr bú tài yuǎn.

- 离下课还有三十分钟。  수업이 끝날 때까지 아직 30분이 남았어요.
  Lí xiàkè hái yǒu sānshí fēnzhōng.

## 05  시점과 시량

시점을 나타내는 '~시/~분'은 '······点/······分'을 씁니다. 시간의 양을 나타내는 '~시간/~분 (동안)'은 '······个小时/······分钟'을 씁니다.

| 시점 | | 시량(시간의 양) | |
|---|---|---|---|
| 1시 | 一点  yì diǎn | 1시간 | 一个小时  yí ge xiǎoshí |
| 2시 | 两点  liǎng diǎn | 2시간 | 两个小时  liǎng ge xiǎoshí |
| 15분 | 十五分  shíwǔ fēn | 15분(동안) | 十五分钟  shíwǔ fēnzhōng |
| 3시 40분 | 三点四十分  sān diǎn sìshí fēn | 3시간 40분 | 三个小时四十分钟  sān ge xiǎoshí sìshí fēnzhōng |

**Tip)** '小时'와 바꾸어 쓸 수 있는 말로 '钟头(zhōngtóu)'가 있습니다.

- 走五分钟就到。  걸어서 5분이면 바로 도착해요.
  Zǒu wǔ fēnzhōng jiù dào.

- 我每天做八个小时工作。  저는 매일 8시간 일해요.
  Wǒ měitiān zuò bā ge xiǎoshí gōngzuò.

**단어**  下课 xiàkè 동 수업이 끝나다, 수업을 마치다 | 每天 měitiān 부 매일, 날마다

## 중국어 UP! 표현 더하기 +

🎧 10-4

>> 새로운 단어들을 이용해 앞에서 배운 표현을 연습해봅시다.

### 길을 안내해 보아요. - 길 안내

**A** 书店在哪儿? 서점은 어디에 있나요?
Shūdiàn zài nǎr?

**B** 得过马路。请跟我来。 길을 건너야 해요. 저를 따라 오세요.
Děi guò mǎlù. Qǐng gēn wǒ lái.

**A** 请问,洗手间在哪儿? 실례지만, 화장실이 어디에요?
Qǐng wèn, xǐshǒujiān zài nǎr?

**B** 就在那儿。 바로 저깁니다.
Jiù zài nàr.

---

**단어** 过马路 guò mǎlù 길을 건너다 | 跟 gēn 동 따르다 | 就 jiù 부 곧, 바로 | 那儿 nàr 대 저기, 거기

## 중국어 UP! 단어 더하기 + 🎧 10-5

### 1. 방향에 관한 단어

| 前边 qiánbian 앞, 앞쪽 | 后边 hòubian 뒤, 뒤쪽 | 左边 zuǒbian 왼쪽 | 右边 yòubian 오른쪽 |
|---|---|---|---|
| 上边 shàngbian 위, 위쪽 | 下边 xiàbian 아래, 아래쪽 | 外边 wàibian 밖, 바깥 | 里边 lǐbian 안, 안쪽 |
| 旁边 pángbiān 옆, 옆쪽 | 对面 duìmiàn 맞은편 | 这儿 zhèr 여기 | 那儿 nàr 저기, 거기 |

### 2. 교통수단을 나타내는 단어

| 公共汽车 gōnggòng qìchē 버스 | 出租(汽)车 chūzū(qì)chē 택시 | 打车 dǎchē 택시를 타다 |
|---|---|---|
| 自行车 zìxíngchē 자전거 | 火车 huǒchē 기차 | 地铁 dìtiě 지하철 |
| 摩托车 mótuōchē 오토바이 | 船 chuán 배 | 游船 yóuchuán 유람선 |
| 区间公共汽车 qūjiān gōnggòngqìchē 셔틀버스 | 飞机 fēijī 비행기 | 机场巴士 jīchǎng bāshì 공항 리무진 버스 |
| 居民区小巴士 jūmínqū xiǎobāshì 마을버스 | 长途汽车 chángtú qìchē 장거리 버스 | 高铁 gāotiě 고속철도(高速铁路의 줄임말) |

# 마무리 쓱쓱! 연습문제

**1.** 빈칸에 알맞은 글자와 발음을 써 넣으세요.

① ☐ 问   qǐng＿＿＿＿   ② 附 ☐   ＿＿＿＿jìn

③ ☐ 场   jī＿＿＿＿   ④ ☐ 时   xiǎo＿＿＿＿

**2.** 다음 그림에 해당하는 내용을 넣어 대화를 완성한 후, 옆 사람과 대화해보세요.

①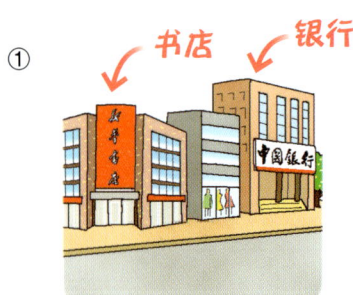

A 请问，书店在哪儿？
Qǐng wèn, shūdiàn zài nǎr?

B 书店在＿＿＿＿＿＿＿＿＿＿＿＿＿。
Shūdiàn zài ＿＿＿＿＿＿＿＿＿＿.

②

A 北京大学怎么走？
Běijīng Dàxué zěnme zǒu?

B 往前走，＿＿＿＿＿＿＿＿＿＿＿＿。
Wǎng qián zǒu, ＿＿＿＿＿＿＿＿＿.

③

A 北京大学怎么去？
Běijīng Dàxué zěnme qù?

B 要＿＿＿＿＿＿＿＿＿＿＿＿＿。
Yào ＿＿＿＿＿＿＿＿＿＿＿.

3. 중국어 문장은 한국어로 번역하고, 한국어 문장은 중국어로 번역해보세요.

① 请问，百货商店在哪儿?

→ _____

② 比较远，得一个小时。

→ _____

③ 앞으로 걸어가서 사거리가 나오면 오른쪽으로 꺾으세요.

→ _____

④ 공항버스를 타야 해요.

→ _____

## 입에 착착! 발음연습  🎧 10-6

>> 잰말놀이(绕口令: ràokǒulìng)를 읽고 따라하면서 발음을 연습해보세요.

① Chī pútao, bù tǔ pútao pír.
  Bù chī pútao, dào tǔ pútao pír.

  吃葡萄，不吐葡萄皮儿。不吃葡萄，倒吐葡萄皮儿。

  포도를 먹고 포도 껍질을 뱉지 않아. 포도를 먹지 않고 포도 껍질을 뱉어.

② Bái tù shì bái dù, hēi tù shì hēi dù.
  Bái tù bú shì hēi dù, hēi tù bú shì bái dù.

  白兔是白肚，黑兔是黑肚。白兔不是黑肚，黑兔不是白肚。

  흰 토끼는 흰 배, 검은 토끼는 검은 배. 흰 토끼는 검은 배가 아니고, 검은 토끼는 흰 배가 아니야.

## 퀴즈 퀴즈~ 중국 문화 어렵지 않아요!

**1** 중국사람들은 숫자에 민감합니다. 이유는 앞에서도 설명한 해음(谐音) 현상(발음이 비슷한 것) 때문인데요, 숫자 8을 유독 좋아하는 배경 때문에 자동차 번호, 휴대전화 번호, 집 전화번호 등 숫자 8을 사용하려면 프리미엄 가격을 요구하는 경우가 많습니다. 2008년에 베이징에서 열렸던 올림픽도 2008년 8월 8일 저녁 8시에 열려 중국인들의 8자 사랑을 엿볼 수 있었죠. 그렇다면 중국인들은 도대체 왜 8을 좋아할까요? 바로 이 한자와 발음이 비슷하기 때문인데요, 이것은 과연 어떤 한자일까요?

① 发 (fā)   ② 流 (liú)   ③ 久 (jiǔ)

**2** 세상에는 많은 직업과 일자리가 있습니다. 무엇이든 크고 많은 중국도 예외는 아닌데요, 하지만 일자리보다 더 많은 인구수 때문에 취업은 중국에서 하나의 사회문제입니다. 중국에서 가장 인기 있는 직종은 바로 금융업과 국영기업체 등의 직장인데요, 금융업은 높은 보수로, 국영기업체 직장은 깨지지 않는 밥그릇 때문이지요. 그렇다면 국영기업체 직장을 가리키는 말을 중국어로 무엇이라고 할까요?

① 金饭碗 (jīnfànwǎn)   ② 瓷饭碗 (cífànwǎn)   ③ 铁饭碗 (tiěfànwǎn)

❓ 중국사람들이 숫자 8을 좋아하는 이유는 바로 한자 '发'와 발음이 비슷해서 인데요, 이 한자가 바로 '돈을 벌다, 재산을 모으다'는 뜻을 가졌기 때문입니다. 개혁개방과 서양문물의 접촉은 중국사람들로 하여금 돈과 부에 대해 새로운 개념을 심어주었고, 돈에 대한 집착을 만들어냈습니다. 돈과 부에 대해 열광하는 중국사람들에게 숫자 8은 단순한 숫자가 아닌 하나의 길조의 의미를 지닌 부적이 되어버린 것이죠. 그래서 상점에 가면 가격이 888위안, 88위안인 물건들을 자주 볼 수 있으며, 자동차 번호판부터 전화번호까지 숫자가 들어가는 모든 것에 8을 넣길 원합니다. 중국에서 자동차 브랜드 아우디(奥迪 Àodí)가 잘 팔리는 이유 역시 아우디의 로고가 숫자 8을 연결해 놓은 모습을 하고 있기 때문이라고 하네요.

그 밖에 중국인들이 좋아하는 숫자는 다음과 같습니다.

② 六(liù) & 流(liú): 바로 '6'입니다. '六(liù)'는 '流(liú - 물이 흐르다)'와 발음이 비슷해서 '일이 잘 된다, 모든 것이 잘 풀려나간다'고 생각하기 때문입니다.

③ 九(jiǔ) & 久(jiǔ): 숫자 '9'도 좋아하는데, '九'의 발음은 'jiǔ'로 '길다, 오래다'의 뜻을 가진 '久(jiǔ)'와 발음이 같아서 '장수(长寿)'를 상징한다고 여기기 때문입니다.

▶ 정답 ①

❓ 중국도 우리와 마찬가지로 직장과 밥벌이를 '밥그릇(饭碗 fànwǎn)'에 비유하여 사용하는데, 그중 국영기업체를 안정적인 직장이라고 하여 우리와 똑같이 철밥통, '铁饭碗(tiěfànwǎn)'이라고 합니다. 높은 보수로 대학생들 사이에서 가장 인기가 있는 직종은 바로 금융업으로, 금융(金融 jīnróng)의 '金'과 값이 비싸다는 의미의 '金(jīn)'을 써서 '金饭碗(jīnfànwǎn)'이라고 합니다. 그에 비해 고정적이지 않은 직장, 비정규직, 언제든지 쉽게 해고될 수 있는 불안정한 직장은 깨지기 쉬운 도자기에 비유해서 '瓷饭碗(cífànwǎn)'이라고 합니다.

최근 중국은 인구수에 비해 일자리가 턱없이 부족하여 '就业(jiùyè, 취업)' 문제가 심각한 상황인 데다가 중국의 명문대를 졸업한 학생들이 연봉이 높은 좋은 직장만 바라다 보니 취업을 못하는 경우가 많은데요, 이러한 상황을 '高不成, 低不就(Gāobùchéng, dībújiù)'라고 하며 '높은 것은 바라볼 수 없고, 낮은 것은 눈에 차지 않는다'라는 말로 표현하고 있다고 하네요.

▶ 정답 ③

Unit 10. 百货商店在哪儿?

# 문법 정리하기

## 1 중국어의 어순

중국어의 기본 어순은 우리말과는 달리 목적어가 서술어 뒤에 옵니다.

예) 我爱你。 Wǒ ài nǐ. 나는 당신을 사랑해요.

여기에 서술어를 수식하는 성분인 부사어와, 서술어를 보충 설명하는 성분인 보어까지 포함시킨 어순을 정리해 보면 다음과 같습니다.

> 주어 + 부사어 + 서술어 + 목적어/보어

예) 我也爱你。 Wǒ yě ài nǐ. 나도 당신을 사랑해요.
　　我吃饱了。 Wǒ chībǎo le. 나는 배부르게 먹었어요.

## 2 대명사

### (1) 인칭대명사　2과

복수를 나타낼 때는 각 인칭대명사 뒤에 '们(men)'을 붙입니다.

| 인칭 | 단수 | 복수 |
|---|---|---|
| 1인칭 | 我 wǒ 나 | 我们 wǒmen 우리 |
| 2인칭 | 你 nǐ 너 / 您 nín 당신 [존칭] | 你们 nǐmen 너희들 |
| 3인칭 | 他 tā 그<br>她 tā 그녀<br>它 tā 그것 [사물이나 동물을 지칭할 때] | 他们 tāmen 그들<br>她们 tāmen 그녀들<br>它们 tāmen 그것들 |

### (2) 지시대명사　4과

지시대명사는 사물을 가리키는 '이것, 그것, 저것'과 장소를 가리키는 '여기, 저기, 어디'를 말합니다.

| 사물 지칭 | | 장소 지칭 |
|---|---|---|
| 단수 | 복수 | |
| 这(个) zhè (ge) 이, 이것 | 这些 zhèxiē 이것들 | 这儿 zhèr 여기, 이 곳 |
| 那(个) nà (ge) 저, 저것 | 那些 nàxiē 그것들 | 那儿 nàr 저기, 저 곳 |
| 哪(个) nǎ (ge) 어느, 어느 것 | 哪些 nǎxiē 어느 것들 | 哪儿 nǎr 어디 |

예) 这是书。 Zhè shì shū. 이것은 책입니다.

131

## 3 술어문의 종류

### (1) 동사술어문  4과

동사가 서술어로 사용된 문장을 말합니다.

> 예  我吃饭。 Wǒ chī fàn. 나는 밥을 먹어요.
> 我喝可乐。 Wǒ hē kělè. 나는 콜라를 마십니다.

부정문을 만들 때에는 동사 앞에 부정부사 '不'를 씁니다.

> 예  我不吃饭。 Wǒ bù chī fàn. 나는 밥을 먹지 않아요.
> 我不喝可乐。 Wǒ bù hē kělè. 나는 콜라를 마시지 않습니다.

### (2) 형용사술어문  4과

형용사가 서술어로 사용된 문장을 말합니다. 형용사가 술어 역할을 할 때는 문장 앞에 대부분 '很'을 쓰며 목적어를 받지 않습니다.

> 예  我很忙。 Wǒ hěn máng. 나는 바빠요.
> 她很漂亮。 Tā hěn piàoliang. 그녀는 예뻐요.

부정문은 형용사 앞에 부정부사 '不'를 씁니다. 이때 '很'은 빼고 말합니다.

> 예  我不忙。 Wǒ bù máng. 나는 바쁘지 않아요.
> 她不漂亮。 Tā bú piàoliang. 그녀는 예쁘지 않아요.

### (3) 명사술어문  7과

명사가 서술어로 사용된 문장을 말합니다.

> 예  现在三点。 Xiànzài sān diǎn. 지금은 3시예요.
> 今天三月二十九号。 Jīntiān sān yuè èrshíjiǔ hào. 오늘은 3월 29일이에요.

동사 '是'를 쓸 때도 있는데, 이럴 때에는 강조의 의미를 가집니다.

> 예  现在是三点。 Xiànzài shì sān diǎn. 지금이 바로 3시예요.

부정문은 주어명사와 서술어명사 사이에 '不是'를 씁니다.

> 예  现在不是三点。 Xiànzài bú shì sān diǎn. 지금은 3시가 아니에요.
> 今天不是三月二十九号。 Jīntiān bú shì sān yuè èrshíjiǔ hào. 오늘은 3월 29일이 아니에요.

## 4 의문문의 종류

**(1) 의문 어기조사(吗, 呢 등)를 이용한 의문문**  3과

문장 끝에 의문 어기조사를 붙이면 됩니다.

> 예) 你是中国人吗? Nǐ shì Zhōngguórén ma? 당신은 중국사람이에요?
> 他的女朋友漂亮吗? Tā de nǚpéngyou piàoliang ma? 그의 여자친구는 예뻐요?
> 你呢? Nǐ ne? 당신은요?

**(2) 정반의문문**  4과

서술어의 주요 성분(동사 또는 형용사)의 긍정형과 부정형을 나열하여 말하는 용법으로 정반의문문과 '吗'를 사용한 의문문은 형식만 다를 뿐, 문장 내에서의 의미는 같습니다.

> 예) 你有没有中国朋友? Nǐ yǒu méiyǒu Zhōngguó péngyou? 당신은 중국친구가 있어요 (없어요)?
> = 你有中国朋友吗? Nǐ yǒu Zhōngguó péngyou ma? 당신은 중국친구가 있어요?
> 这葡萄甜不甜? Zhè pútao tián bu tián? 이 포도 달아요 (안 달아요)?
> = 这葡萄甜吗? Zhè pútao tián ma? 이 포도 달아요?

**(3) 의문대명사를 이용한 의문문**  3과

| 중국어의 의문대명사 정리 | | | |
|---|---|---|---|
| 사람 | 谁 shéi 누구 | 사물 | 什么 shénme 무엇, 哪 nǎ 어느 |
| 장소 | 哪儿 nǎr 어디 | 수량 | 多少 duōshao 얼마, 几 jǐ 몇 |
| 방법 | 怎么 zěnme 어떻게 | 성질·상태 | 怎么样 zěnmeyàng 어때요 |
| 시간 | 什么时候 shénme shíhou 언제 | 이유·원인 | 为什么 wèishénme 왜 |

> 예) 他是谁? Tā shì shéi? 그는 누구예요?
> 你要买什么? Nǐ yào mǎi shénme? 당신은 무엇을 사고 싶어요?
> 他是哪国人? Tā shì nǎ guó rén? 그는 어느 나라 사람이에요?
> 地铁站在哪儿? Dìtiězhàn zài nǎr? 지하철역이 어디에 있어요?
> 苹果多少钱? Píngguǒ duōshao qián? 사과 얼마예요?
> 你家有几口人? Nǐ jiā yǒu jǐ kǒu rén? 가족이 몇 명이에요?
> 北京大学怎么走? Běijīng Dàxué zěnme zǒu? 베이징대학 어떻게 가요?
> 这件衣服怎么样? Zhè jiàn yīfu zěnmeyàng? 이 옷 어때요?
> 他什么时候回来? Tā shénme shíhou huílái? 그 사람 언제 돌아오나요?
> 为什么不喝? Wèishénme bù hē? 왜 마시지 않아요?

## 5 수사  6과 7과 8과

### (1) 기본 숫자

| 零 líng 0 | 一 yī 1 | 二 èr 2 | 三 sān 3 | 四 sì 4 |
|---|---|---|---|---|
| 五 wǔ 5 | 六 liù 6 | 七 qī 7 | 八 bā 8 | 九 jiǔ 9 |
| 十 shí 10 | 百 bǎi 100 | 千 qiān 1,000 | 万 wàn 10,000 | 亿 yì 억 |

### (2) 중국어로 숫자 읽을 때 주의할 점

▶ 百(bǎi), 千(qiān), 万(wàn), 亿(yì) 등의 숫자는 앞에 수사 '一'를 붙여야 합니다.

예) 一百 yì bǎi    一千 yì qiān    一万 yí wàn    一亿 yí yì

▶ 백 단위 이상의 수는 중간에 '0'이 몇 개든 상관없이 '零(líng)'은 하나만 읽으면 됩니다.

예) 401 : 四百零一  sì bǎi líng yī    4,001 : 四千零一  sì qiān líng yī

▶ 백 단위 이상의 수에서 '0'으로 끝나는 경우, '0'이 몇 개든 관계없이 끝자리 단위를 생략해서 읽어도 됩니다.

예) 360 : 三百六(十)  sān bǎi liù (shí)    3,500 : 三千五(百)  sān qiān wǔ (bǎi)

▶ 백 단위 이상의 수에서 '0'으로 끝나는 경우라도, 중간에 '0'이 포함된 경우에는 끝자리 단위를 생략해서 읽을 수 없습니다.

예) 1,020 : 一千零二十  yì qiān líng èrshí

▶ 년도, 전화번호, 차량번호, 방 번호 등의 숫자를 읽을 때에는 숫자를 하나씩 읽어주면 됩니다. 이때 숫자 '1'은 '一'로 표기하되 'yāo'로 읽어야 합니다.

예) 2005년 : 二零零五年  èr líng líng wǔ nián
573-1854 : 五七三，一八五四  wǔ qī sān, yāo bā wǔ sì

## 6 양사  6과

양사란 사물이나 동작의 단위를 나타내는 낱말을 말합니다. 수사나 지시대명사, 의문대명사 등은 명사를 직접 수식할 수 없는 것이 중국어의 특징이며, 반드시 중간에 그 명사의 성질과 어울리는 양사를 넣어 말해야 합니다.

> 예) 三书 (✕) / 三**本**书 sān běn shū (○) 책 세 권
> 两可乐 (✕) / 两**瓶**可乐 liǎng píng kělè (○) 콜라 두 병

### ▶▶ 자주 쓰이는 양사 정리

| 양사 | 쓰임 | 예문 |
|---|---|---|
| 把 bǎ | 손잡이가 달린 물건을 셀 때 | 예) 一把雨伞 yì bǎ yǔsǎn  우산 하나 |
| 杯 bēi | 잔에 든 것을 셀 때 | 예) 一杯酒 yì bēi jiǔ  술 한 잔 |
| 本 běn | 책, 공책 등을 셀 때 | 예) 一本书 yì běn shū  한 권의 책 |
| 顶 dǐng | 모자 등을 셀 때 | 예) 一顶帽子 yì dǐng màozi  모자 하나 |
| 对 duì | 쌍으로 된 것을 셀 때 | 예) 一对夫妻 yí duì fūqī  한 쌍의 부부 |
| 封 fēng | 편지 등을 셀 때 | 예) 一封信 yì fēng xìn  편지 한 통 |
| 个 ge | 사람, 물건 등을 셀 때 [주로 특정 양사가 없는 명사에 두루 쓰임] | 예) 一个人 yí ge rén  한 사람 |
| 件 jiàn | 의복, 사건 등을 셀 때 | 예) 一件衣服 yí jiàn yīfu  옷 한 벌 |
| 句 jù | 말이나 글 등을 셀 때 | 예) 一句话 yí jù huà  한 마디의 말 |
| 口 kǒu | 가족을 셀 때 | 예) 五口人 wǔ kǒu rén  다섯 식구 |
| 辆 liàng | 차량을 셀 때 | 예) 一辆自行车 yí liàng zìxíngchē  자전거 한 대 |
| 瓶 píng | 병에 든 것을 셀 때 | 예) 一瓶可乐 yì píng kělè  콜라 한 병 |
| 双 shuāng | 신발 등 세트로 된 것을 셀 때 | 예) 一双鞋子 yì shuāng xiézi  구두 한 켤레 |
| 条 tiáo | (강, 물고기 등) 가늘고 긴 것을 셀 때 | 예) 一条鱼 yì tiáo yú  물고기 한 마리 |
| 种 zhǒng | 종류를 셀 때 | 예) 一种办法 yì zhǒng bànfǎ  한 종류의 방법 |
| 座 zuò | 산, 건물, 다리 등을 셀 때 | 예) 一座山 yí zuò shān  산 하나 |

## 7 숫자 읽기

### (1) 날짜, 요일 묻고 답하기  7과

날짜를 물어볼 때는 우리말과 똑같이 '몇 월 며칠'이라고 해서 '几月几号?'라고 물어보며, 요일을 물을 때는 '星期几?'라고 합니다.

> 예 A 明天几月几号星期几?  내일은 몇 월 며칠 무슨 요일이에요?
> Míngtiān jǐ yuè jǐ hào xīngqī jǐ?
>
> B 明天十二月二十号星期天。  내일은 12월 20일 일요일입니다.
> Míngtiān Shí'èr yuè èrshí hào xīngqītiān.

### (2) 시간 읽기  8과

시간은 우리말과 똑같이 '몇 시'라고 해서 '几点?'이라고 묻습니다. 대답은 일반적으로 '몇 시 몇 분'으로 대답하며 '15분', '30분', '~분 전'이라는 표현은 각각 다음의 단어로 사용해서 대답할 수 있습니다.

| 시간 표현 | 쓰임 | 예문 |
|---|---|---|
| 点 diǎn | 시 | 예 两点 liǎng diǎn  2시 |
| 分 fēn | 분 | 예 四点(零)五分 sì diǎn (líng) wǔ fēn  4시 5분<br>四点二十分 sì diǎn èrshí fēn  4시 20분 |
| 半 bàn | 반, 30분 | 예 十点半 shí diǎn bàn  10시 반 |
| 刻 kè | 15분 | 예 十二点一刻 shí'èr diǎn yí kè  12시 15분 |
| 差 chà | 모자라다 | 예 差五分三点 chà wǔ fēn sān diǎn  3시 5분 전 |

'2시'는 '二点'이 아니라 '两点(liǎng diǎn)'이라고 합니다. 그러나 '12시'는 '十二点'이라고 합니다.

> 예 A 现在几点?  지금 몇 시인가요?
> Xiànzài jǐ diǎn?
>
> B 两点十五分。  2시 15분입니다. (= 两点一刻。 Liǎng diǎn yí kè. 2시 15분입니다.)
> Liǎng diǎn shíwǔ fēn.

(3) **화폐 읽기** 9과

중국 돈은 인민폐(人民币 Rénmínbi)라고 하며 우리나라와 똑같이 10진법을 사용합니다.

| 块 kuài (= 元 yuán) | 우리말의 '원'에 해당하며, 돈을 세는 단위 중 가장 큰 단위 |
|---|---|
| 毛 máo (= 角 jiǎo) | 块보다 작은 단위 (10毛 = 1块) |
| 分 fēn | 가장 작은 단위 (10分 = 1毛) |

❶ 二과 两(liǎng)

- 1元 = 一块
- 2元 = 两块                    ★ '二块'라고 하지 않고 '两块'라고 합니다.
- 20元 = 二十块                 ★ 십 단위에서는 '二'로만 읽습니다.
- 200元 = 二百块 / 两百块        ★ 백 단위에서는 '二'과 '两' 둘 다 가능합니다.
- 2000元 = 两千块               ★ 천 단위 이상부터는 '两'이라고 읽습니다.
- 20000元 = 两万块
- 200.22元 = 二百块 两毛 两分 / 两百块 二毛 二分
  ★ 소수점 첫 번째와 두 번째 자리의 2는 '二'과 '两' 둘 다 가능합니다.

❷ 0(零 líng)이 들어갔을 경우

- 105元 = 一百零五块              ★ 가운데 0은 꼭 읽어줍니다.
- 1005元 = 一千零五块             ★ 가운데 0이 여러 개일 경우에는 한 번만 읽습니다.
- 1050元 = 一千零五十块           ★ 가운데·마지막에 모두 0이 있을 때는 다 읽어줍니다.
- 150元 = 一百五十块 / 一百五块
  ★ 마지막의 0은 읽어줘도 되고 생략해도 되지만 대부분 생략해서 읽습니다.
- 10.03元 = 十块零三分            ★ 소수점 첫 번째 자리의 0은 읽어줍니다.

❸ 마지막 단위의 생략

- 18元 = 十八(块)                 ★ 화폐의 마지막 단위는 생략이 가능합니다.
- 36.8元 = 三十六块 八(毛)
- 254.78元 = 两百五十四块 七毛 八(分)

## 8 전치사 6과 10과

'전치사+목적어'의 형태로 서술어 앞에 놓여 시간, 장소, 방향, 원인, 목적, 수단 등의 의미를 나타냅니다.

### ▶▶ 자주 쓰이는 전치사 정리

| 전치사 | 쓰임 | 예문 |
| --- | --- | --- |
| 在 zài | ~에서<br>[장소 등에 쓰임] | 예 他在医院工作。 그는 병원에서 일해요.<br>Tā zài yīyuàn gōngzuò. |
| 往 wǎng | ~쪽으로<br>[방향 등에 쓰임] | 예 一直往前走。 곧장 앞으로 가세요.<br>Yìzhí wǎng qián zǒu. |
| 离 lí | ~에서<br>[시간, 공간적 거리의 기준점에 쓰임] | 예 离这儿不太远。 여기서 그다지 멀지 않아요.<br>Lí zhèr bú tài yuǎn. |

## 9 조동사 8과

중국어의 조동사는 동사 앞에 쓰여 가능, 의지, 바람, 요구 등을 나타냅니다.

### ▶▶ 자주 쓰이는 조동사 정리

| 조동사 | 쓰임 | 예문 |
| --- | --- | --- |
| 要 yào | ~하려고 하다<br>[강한 의지를 나타냄] | 예 你要去哪儿? 당신은 어디에 가려고 하나요?<br>Nǐ yào qù nǎr? |
| 想 xiǎng | ~하고 싶다, ~하려고 하다<br>[주관적 바람을 나타냄] | 예 我想去中国旅游。 저는 중국으로 여행을 가고 싶어요.<br>Wǒ xiǎng qù Zhōngguó lǚyóu. |
| 부정형 | 不想(bù xiǎng) | 예 我不想学习。 저는 공부하고 싶지 않아요.<br>Wǒ bù xiǎng xuéxí. |

## 10 시점과 시량 10과

시점을 나타내는 '~시/~분'은 '……点/……分'을 씁니다. 시간의 양을 나타내는 '~시간/~분(동안)'은 '……个小时/……分钟'을 씁니다.

| | 시점 | | 시량(시간의 양) |
|---|---|---|---|
| 1시 | 一点  yì diǎn | 1시간 | 一个小时  yí ge xiǎoshí |
| 2시 | 两点  liǎng diǎn | 2시간 | 两个小时  liǎng ge xiǎoshí |
| 15분 | 十五分  shíwǔ fēn | 15분(동안) | 十五分钟  shíwǔ fēnzhōng |
| 3시 40분 | 三点四十分<br>sān diǎn sìshí fēn | 3시간 40분 | 三个小时四十分钟<br>sān ge xiǎoshí sìshí fēnzhōng |

예) 走五分钟就到。 Zǒu wǔ fēn zhōng jiù dào. 걸어서 5분이면 바로 도착해요.

我每天做八个小时工作。 Wǒ měitiān zuò bā ge xiǎoshí gōngzuò. 저는 매일 8시간 일해요.

# 해석 및 정답

## Unit 02　　　　　　　　　　P.22

### 본문 해석

**회화 1**
A 안녕하세요?
B 안녕하세요?
A 잘 가요!
B 또 만나요!

**회화 2**
A 안녕하세요?
B 안녕하세요? 잘 지냈어요?
A 잘 지냈어요! 당신은요?
B 그럭저럭 괜찮아요, 고마워요.

### 연습 문제

1. ① 早, shang　② 晚, shang
   ③ 客, kè　　 ④ 对, Duì
2. ① 你好, Nǐ hǎo
   ② 早上好, Zǎoshang hǎo
   ③ 再见, Zài jiàn

## Unit 03　　　　　　　　　　P.34

### 본문 해석

**회화 1**
A 당신 이름은 뭐예요?
B 저는 박신애라고 합니다.
A 당신은 중국인이에요?
B 아니요, 저는 한국인이에요.

**회화 2**
A 당신은 성함이 무엇입니까?
B 제 성은 리이고, 리리청이라고 부릅니다.
A 만나서 반가워요.
B 저도 반갑습니다.

### 연습 문제

1. ① 国, Zhōng　② 名, zi
   ③ 韩, guó　　④ 兴, gāo
2. ① 朴信爱, Piáo Xìn'ài
   ② 韩国人, Hánguórén
   ③ 不是, Bú shì / 中国人, Zhōngguórén

## Unit 04　　　　　　　　　　P.46

### 본문 해석

**회화 1**
A 당신은 뭐 먹어요?
B 저는 빵을 먹어요, 빵은 맛있어요.
A 당신은 커피를 마시나요 안 마시나요?
B 저는 커피를 안 마셔요, 커피는 써요.

**회화 2**
A 이것은 뭐예요?
B 이것은 중국어 책이에요, 저는 중국어를 배워요.
A 중국어를 배우는 것은 어때요?
B 중국어를 배우는 것은 재미있어요.

### 연습 문제

1. ① 好, chī　　② 包, miàn
   ③ 咖, fēi　　④ 语, Hàn
2. ① 吃面包, chī miànbāo
   ② 很有意思, hěn yǒuyìsi
   ③ 咖啡很苦, kāfēi hěn kǔ
3. ① 당신은 커피를 마시나요 안 마시나요?
   ② 이것은 중국어 책이에요, 저는 중국어를 배워요.
   ③ 我吃面包，面包很好吃。
   ④ 学汉语怎么样？

# 해석 및 정답

## Unit 05
P.589

### 본문 해석

**회화 1**

A 당신의 취미는 뭐예요?
B 저는 영화 보는 것을 좋아해요, 당신은요?
A 저는 사진 찍는 것을 매우 좋아해요, 당신은 좋아해요?
B 저도 좋아해요, 우리 같이 사진 찍어요.

**회화 2**

A 당신은 어느 계절을 좋아해요?
B 저는 겨울을 좋아해요, 겨울에 눈이 내리는 것은 참 예뻐요, 당신은요?
A 겨울은 너무 추워요, 저는 그다지 좋아하지 않아요. 저는 봄을 비교적 좋아해요.
B 저도 봄을 좋아해요, 봄은 따뜻해요.

### 연습 문제

1. ① 喜, huan   ② 好, ài
   ③ 漂, liang   ④ 冬, tiān
2. ① 喜欢照相, xǐhuan zhàoxiàng
   ② 喜欢哪个季节, xǐhuan nǎ ge jìjié
   ③ 冷, lěng / 下雪, xià xuě
3. ① 당신의 취미는 뭐예요?
   ② 저는 영화 보는 것을 좋아해요, 당신은요?
   ③ 你喜欢哪个季节?
   ④ 我喜欢冬天。

## Unit 06
P.70

### 본문 해석

**회화 1**

A 당신 집에 가족이 몇 명이에요?
B 저희 집은 가족이 다섯 명이에요.
A 가족구성원이 모두 어떻게 되나요?
B 아빠, 엄마, 형, 여동생 그리고 저예요.

**회화 2**

A 당신 형은 무슨 일을 하나요?
B 그는 일하지 않아요, 그는 대학생이에요.
A 그는 올해 몇 살이에요?
B 올해 23살이에요.

### 연습 문제

1. ① 口, jǐ   ② 妹, mèi
   ③ 工, zuò   ④ 生, dàxué
2. ① 四口人, sì kǒu rén
   ② 两个姐姐, liǎng ge jiějie
   ③ 学生, xuésheng
3. ① 아빠, 엄마, 형, 여동생 그리고 저예요.
   ② 그는 올해 몇 살이에요?
   ③ 我家有五口人。
   ④ 他不工作，他是大学生。

## Unit 07
P.82

### 본문 해석

**회화 1**

A 오늘은 몇 월 며칠인가요?
B 10월 1일이에요. 오늘은 중국의 국경절입니다.
A 오늘은 무슨 요일이에요?
B 토요일이에요.

**회화 2**

A 당신의 생일은 몇 월 며칠이에요?
B 8월 10일이요.
A 아, 오늘이 당신 생일이네요, 생일 축하해요.
B 고마워요.

# 해석 및 정답

## 연습 문제

1. ① 生, rì　　② 天, jīn
   ③ 快, lè　　④ 期, xīng

2. ① 一月一号, yī yuè yī hào
   ② 星期天, xīngqītiān
   ③ 二月五号, èr yuè wǔ hào /
   　妈妈的生日, māma de shēngrì

3. ① 오늘은 몇 월 며칠인가요?
   ② 오늘이 당신 생일이네요, 생일 축하해요.
   ③ 今天是中国的国庆节。
   ④ 你的生日是几月几号?

## Unit 08　　P.94

### 본문 해석

**회화 1**

A 지금 몇 시예요?
B 3시 20분입니다.
A 은행은 몇 시에 문을 닫나요?
B 저녁 5시 반에요.

**회화 2**

A 주말에 당신은 무엇을 하려고 하나요?
B 저는 백화점에 가서 옷을 사고 싶어요, 우리 같이 가요.
A 좋아요, 몇 시에 만날까요?
B 9시 15분에 만나요.

### 연습 문제

1. ① 现, zài　　② 银, háng
   ③ 门, guān　　④ 服, yī

2. ① 三点, sān diǎn
   ② 七点半, qī diǎn bàn
   ③ 想买衣服, xiǎng mǎi yīfu

3. ① 9시 15분에 만나요.
   ② 주말에 당신은 무엇을 하려고 하나요?
   ③ 银行几点关门?
   ④ 我想去百货商店买衣服。

## Unit 09　　P.106

### 본문 해석

**회화 1**

A 이 스웨터 얼마예요?
B 260위안이에요.
A 너무 비싸요, 좀 싸게 주세요.
B 좋아요, 230위안 주세요. 어때요?

**회화 2**

A 사과는 어떻게 파나요?
B 한 근에 4위안이에요, 달고 싸요, 한번 맛보세요.
A 2근 살게요, 10위안 드릴게요.
B 2위안 거슬러 줄게요, 고마워요.

### 연습 문제

1. ① 怎, me　　② 宜, pián
   ③ 毛, yī　　④ 一点, r

2. ① 一斤四块, Yì jīn sì kuài
   ② 一个十六块, Yí ge shíliù kuài
   ③ 一件三百六十块, Yí jiàn sānbǎi liùshí kuài

3. ① 260위안이에요.
   ② 2근 살게요, 10위안 드릴게요.
   ③ 太贵了，便宜一点儿吧。
   ④ 这件毛衣多少钱?

## Unit 10　　P.118

### 본문 해석

**회화 1**

A 실례합니다, 백화점은 어디에 있나요?
B 베이징 대학 근처에 있어요.
A 베이징 대학은 어떻게 가나요?
B 앞으로 걸어가서 사거리가 나오면 오른쪽으로 꺾으세요.

# 해석 및 정답

**회화 2**

A 공항은 어떻게 가나요?
B 공항버스를 타야 해요.
A 여기에서 멀어요? 얼마나 걸리나요?
B 비교적 멀어요, 1시간 걸립니다.

---

### 연습 문제

1. ① 请, wèn　　② 近, fù
   ③ 机, chǎng　　④ 小, shí

2. ① 银行附近, yínháng fùjìn
   ② 到十字路口往右拐,
   　 dào shízìlùkǒu wǎng yòu guǎi
   ③ 坐公共汽车, zuò gōnggòngqìchē

3. ① 실례합니다, 백화점은 어디에 있나요?
   ② 비교적 멀어요, 1시간 걸립니다.
   ③ 往前走，到十字路口，往右拐。
   ④ 要坐机场大巴。

# 워크북 정답

## Unit 02   P.2

**2.**

**회화 1**

A 你好!
　Nǐ hǎo!

B 你好!
　Nǐ hǎo!

A 再见!
　Zài jiàn!

B 再见!
　Zài jiàn!

**회화 2**

A 早上好!
　Zǎoshang hǎo!

B 早上好! 你好吗?
　Zǎoshang hǎo! Nǐ hǎo ma?

A 我很好! 你呢?
　Wǒ hěn hǎo! Nǐ ne?

B 还可以, 谢谢。
　Hái kěyǐ, xièxie.

**3.** (1) ① 녹음  再见　　　　　　정답 ( ○ )
　　　　② 녹음  早上　　　　　　정답 ( ○ )
　　　　③ 녹음  姐姐　　　　　　정답 ( × )

　　(2) 녹음  我很好。　　　　　정답 ( ① )

**4.**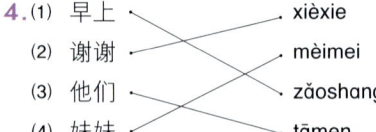
(1) 早上 — xièxie
(2) 谢谢 — mèimei
(3) 他们 — zǎoshang
(4) 妹妹 — tāmen

**5.** (1) 你好吗?
　　(2) 中国很大。
　　(3) 早上冷吗?
　　(4) 爸爸还可以。
　　(5) 早上好!

## Unit 03   P.6

**2.**

**회화 1**

A 你叫什么名字?
　Nǐ jiào shénme míngzi?

B 我叫朴信爱。
　Wǒ jiào Piáo Xìn'ài.

A 你是中国人吗?
　Nǐ shì Zhōngguórén ma?

B 不是, 我是韩国人。
　Bú shì, wǒ shì Hánguórén.

**회화 2**

A 您贵姓?
　Nín guì xìng?

B 我姓李, 叫李立成。
　Wǒ xìng Lǐ, jiào Lǐ Lìchéng.

A 认识您很高兴。
　Rènshi nǐ hěn gāoxìng.

B 我也很高兴。
　Wǒ yě hěn gāoxìng.

**3.** (1) ① 녹음  中国　　　　　　　정답 ( × )
　　　　② 녹음  你叫什么名字?　　정답 ( × )
　　　　③ 녹음  认识你很高兴。　　정답 ( ○ )

　　(2) 녹음  我是美国人。　　　　정답 ( ② )

**4.**
(1) 名字 — rènshi
(2) 中国 — gāoxìng
(3) 高兴 — míngzi
(4) 认识 — Zhōngguó

**5.** (1) 认识你很高兴。
　　(2) 你叫什么名字?
　　(3) 你是中国人吗?
　　(4) 我是韩国人。
　　(5) 您贵姓?

# 워크북 정답

## Unit 04   P.10

**2.**

**회화 1**

A 你吃什么?
 Nǐ chī shénme?

B 我吃面包，面包很好吃。
 Wǒ chī miànbāo, miànbāo hěn hǎochī.

A 你喝不喝咖啡?
 Nǐ hē bu hē kāfēi?

B 我不喝咖啡，咖啡很苦。
 Wǒ bù hē kāfēi, kāfēi hěn kǔ.

**회화 2**

A 这是什么?
 Zhè shì shénme?

B 这是汉语书，我学汉语。
 Zhè shì Hànyǔ shū, wǒ xué Hànyǔ.

A 学汉语怎么样?
 Xué Hànyǔ zěnmeyàng?

B 学汉语很有意思。
 Xué Hànyǔ hěn yǒuyìsi.

**3.** (1) ① 녹음  咖啡    정답 ( ○ )
　　　　② 녹음  学汉语   정답 ( ○ )
　　　　③ 녹음  吃面包   정답 ( ✕ )

(2) 녹음  我听音乐，音乐很好听。
　　정답 ( ① )

**4.** (1) 漂亮 —— piàoliang
(2) 好喝 —— chuān
(3) 买 —— mǎi
(4) 穿 —— hǎohē

**5.** (1) 那个很漂亮。
(2) 你喝不喝咖啡?
(3) 学汉语很有意思。
(4) 写汉字很难。
(5) 他不去学校。

## Unit 05   P.14

**2.**

**회화 1**

A 你的爱好是什么?
 Nǐ de àihào shì shénme?

B 我喜欢看电影，你呢?
 Wǒ xǐhuan kàn diànyǐng, nǐ ne?

A 我非常喜欢照相，你喜欢吗?
 Wǒ fēicháng xǐhuan zhàoxiàng, nǐ xǐhuan ma?

B 我也很喜欢，我们一起照相吧。
 Wǒ yě hěn xǐhuan, wǒmen yìqǐ zhàoxiàng ba.

**회화 2**

A 你喜欢哪个季节?
 Nǐ xǐhuan nǎ ge jìjié?

B 我喜欢冬天，冬天下雪很漂亮，你呢?
 Wǒ xǐhuan dōngtiān, dōngtiān xià xuě hěn piàoliang, nǐ ne?

A 冬天太冷了，我不太喜欢。我比较喜欢春天。
 Dōngtiān tài lěng le, wǒ bú tài xǐhuan. Wǒ bǐjiào xǐhuan chūntiān.

B 我也喜欢春天，春天很暖和。
 Wǒ yě xǐhuan chūntiān, chūntiān hěn nuǎnhuo.

**3.** (1) ① 녹음  照相   정답 ( ○ )
　　　　② 녹음  下雨   정답 ( ✕ )
　　　　③ 녹음  游泳   정답 ( ✕ )

(2) 녹음  这个电影比较好看。  정답 ( ② )

**4.** (1) 唱歌 —— chànggē
(2) 电脑游戏 —— chūntiān
(3) 春天 —— diànnǎo yóuxì
(4) 刮风 —— guā fēng

**5.** (1) 秋天很凉快。
(2) 春天天气怎么样?
(3) 你喜欢什么运动?
(4) 我比较喜欢春天。
(5) 你的爱好是什么?

# 워크북 정답

## Unit 06   P.18

**2.**

**회화 1**

A 你家有**几口人**?
　Nǐ jiā yǒu jǐ kǒu rén?

B 我家有**五口人**。
　Wǒ jiā yǒu wǔ kǒu rén.

A 都有什么人?
　Dōu yǒu shénme rén?

B **爸爸**、**妈妈**、哥哥、妹妹和我。
　Bàba、māma、gēge、mèimei hé wǒ.

**회화 2**

A 你哥哥**做什么工作**?
　Nǐ gēge zuò shénme gōngzuò?

B 他不工作，他是**大学生**。
　Tā bù gōngzuò, tā shì dàxuéshēng.

A 他今年**多大**?
　Tā jīnnián duōdà?

B 今年**二十三**岁。
　Jīnnián èrshísān suì.

**3.** (1) ① 녹음  老师       정답 ( X )
　　　　② 녹음  医生       정답 ( ○ )
　　　　③ 녹음  两本书     정답 ( X )

　　(2) 녹음  我家有四口人。爸爸、妈妈、哥哥和我。
　　　　정답 ( ① )

**4.** (1) 件　　　　dǎoyóu
　　(2) 导游　　　yuánzhūbǐ
　　(3) 工作　　　gōngzuò
　　(4) 圆珠笔　　jiàn

**5.** (1) 我爸爸不是医生。
　　(2) 你家有几口人?
　　(3) 我没有铅笔。
　　(4) 你今年多大?
　　(5) 你妈妈做什么工作?

## Unit 07   P.22

**2.**

**회화 1**

A 今天是**几月几号**?
　Jīntiān shì jǐ yuè jǐ hào?

B 十月一号。今天是中国的国庆节。
　Shí yuè yī hào. Jīntiān shì Zhōngguó de Guóqìng Jié.

A 今天**星期几**?
　Jīntiān xīngqī jǐ?

B 星期六。
　Xīngqīliù.

**회화 2**

A 你的生日是几月几号?
　Nǐ de shēngrì shì jǐ yuè jǐ hào?

B **八月十号**。
　Bā yuè shí hào.

A 噢，今天是你的生日，**祝你生日快乐**。
　Ō, jīntiān shì nǐ de shēngrì, zhù nǐ shēngrì kuàilè.

B 谢谢。
　Xièxie.

**3.** (1) ① 녹음  三月十四号   정답 ( X )
　　　　② 녹음  星期五       정답 ( X )
　　　　③ 녹음  生日         정답 ( ○ )

　　(2) 녹음  今天是7月5号，明天是妈妈的生日。
　　　　정답 ( ② )

**4.**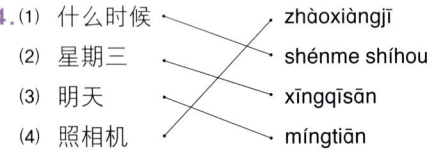
(1) 什么时候　　zhàoxiàngjī
(2) 星期三　　　shénme shíhou
(3) 明天　　　　xīngqīsān
(4) 照相机　　　míngtiān

**5.** (1) 你什么时候去中国?
　　(2) 你的生日是几月几号?
　　(3) 祝你生日快乐!
　　(4) 明天是星期几?
　　(5) 下星期五你有空吗?

# 워크북 정답

## Unit 08  P.26

**2.**

**회화 1**

A 现在几点?
Xiànzài jǐ diǎn?

B 三点二十分。
Sān diǎn èrshí fēn.

A 银行几点关门?
Yínháng jǐ diǎn guānmén?

B 晚上五点半。
Wǎnshang wǔ diǎn bàn.

**회화 2**

A 周末你要做什么?
Zhōumò nǐ yào zuò shénme?

B 我想去百货商店买衣服，我们一起去吧。
Wǒ xiǎng qù bǎihuòshāngdiàn mǎi yīfu, wǒmen yìqǐ qù ba.

A 好啊，几点见面?
Hǎo a, jǐ diǎn jiànmiàn?

B 九点一刻见面吧。
Jiǔ diǎn yí kè jiànmiàn ba.

**3.** (1) ① 녹음 百货商店  정답 ( ○ )
   ② 녹음 九点半  정답 ( ✗ )
   ③ 녹음 差六分八点  정답 ( ○ )

(2) 녹음 我去图书馆准备考试吧。
   정답 ( ② )

**4.**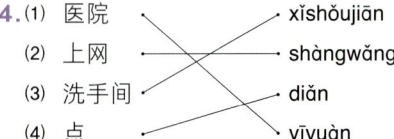

(1) 医院 — yīyuàn
(2) 上网 — shàngwǎng
(3) 洗手间 — xǐshǒujiān
(4) 点 — diǎn

**5.** (1) 银行几点关门?
(2) 我们九点一刻见面吧。
(3) 我想去香港玩一玩。
(4) 我要买智能手机。
(5) 周末你要做什么?

## Unit 09  P.30

**2.**

**회화 1**

A 这件毛衣多少钱?
Zhè jiàn máoyī duōshao qián?

B 二百六十块。
Èrbǎi liùshí kuài.

A 太贵了，便宜一点儿吧。
Tài guì le, piányi yìdiǎnr ba.

B 好的，二百三十块，怎么样?
Hǎo de, èrbǎi sānshí kuài, zěnmeyàng?

**회화 2**

A 苹果怎么卖?
Píngguǒ zěnme mài?

B 一斤四块，又甜又便宜，你尝尝吧。
Yì jīn sì kuài, yòu tián yòu piányi, nǐ chángchang ba.

A 买两斤，给你十块。
Mǎi liǎng jīn, gěi nǐ shí kuài.

B 找你两块，谢谢。
Zhǎo nǐ liǎng kuài, xièxie.

**3.** (1) ① 녹음 五十五块  정답 ( ✗ )
   ② 녹음 四百六十五块  정답 ( ○ )
   ③ 녹음 两个十块  정답 ( ○ )

(2) 녹음 我要买一点儿水果，最近水果不贵，也很甜。
   정답 ( ③ )

**4.**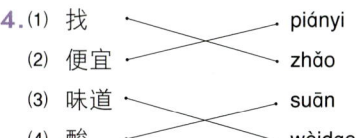

(1) 找 — zhǎo
(2) 便宜 — piányi
(3) 味道 — wèidao
(4) 酸 — suān

**5.** (1) 苹果多少钱一斤?
(2) 这件毛衣多少钱?
(3) 外边又下雨又刮风。/ 外边又刮风又下雨。
(4) 天气太冷了。
(5) 便宜一点儿吧。

워크북 정답  **147**

# 워크북 정답

## Unit 10  P.34

**2.**

**회화 1**

A 请问，百货商店在哪儿?
　Qǐng wèn, bǎihuòshāngdiàn zài nǎr?

B 在北京大学附近。
　Zài Běijīng Dàxué fùjìn.

A 北京大学怎么走?
　Běijīng Dàxué zěnme zǒu?

B 往前走，到十字路口，往右拐。
　Wǎng qián zǒu, dào shízìlùkǒu, wǎng yòu guǎi.

**회화 2**

A 机场怎么去?
　Jīchǎng zěnme qù?

B 要坐机场大巴。
　Yào zuò jīchǎng dàbā.

A 离这儿远吗? 要多长时间?
　Lí zhèr yuǎn ma? Yào duōcháng shíjiān?

B 比较远，得一个小时。
　Bǐjiào yuǎn, děi yí ge xiǎoshí.

**3.** (1) ① 녹음　地铁　　정답 （○）
　　　② 녹음　机场　　정답 （○）
　　　③ 녹음　洗手间　정답 （✗）

　　(2) 녹음　我要坐公共汽车去书店。
　　　정답 （②）

**4.**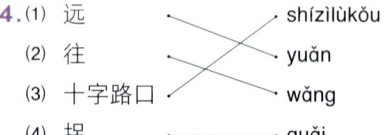

(1) 远　　　　・shízìlùkǒu
(2) 往　　　　・yuǎn
(3) 十字路口・　・wǎng
(4) 拐　　　　・guǎi

**5.** (1) 离机场要多长时间?
　　(2) 一直往前走。
　　(3) 我要坐公共汽车去。
　　(4) 洗手间就在那儿。
　　(5) 书店在百货商店附近。/
　　　 百货商店在书店附近。

上上(상상)은 '최고의. 제일의'의 뜻!

중국 문화와 함께 배워보는

# 上上 상상 중국어 ①

워크북

시사중국어사

# 상상 중국어 ①

워크북

# Unit 02 你好!

**1. 간체자 쓰기** 획순에 따라 써보세요.

| 你 | 你 | 你 | 你 | | | | | | |
|---|---|---|---|---|---|---|---|---|---|
| nǐ | 你你你你你你你 | | | | | | | | |

| 好 | 好 | 好 | 好 | | | | | | |
|---|---|---|---|---|---|---|---|---|---|
| hǎo | 好好好好好好 | | | | | | | | |

| 我 | 我 | 我 | 我 | | | | | | |
|---|---|---|---|---|---|---|---|---|---|
| wǒ | 我我我我我我我 | | | | | | | | |

| 再 | 再 | 再 | 再 | | | | | | |
|---|---|---|---|---|---|---|---|---|---|
| zài | 再再再再再再 | | | | | | | | |

| 见 | 见 | 见 | 见 | | | | | | |
|---|---|---|---|---|---|---|---|---|---|
| jiàn | 见见见见 | | | | | | | | |

| 很 | 很 | 很 | 很 | | | | | | |
|---|---|---|---|---|---|---|---|---|---|
| hěn | 很很很很很很很很 | | | | | | | | |

| 吗 | 吗 | 吗 | 吗 | | | | | | |
|---|---|---|---|---|---|---|---|---|---|
| ma | 吗吗吗吗吗 | | | | | | | | |

## 02 안녕하세요?

**2. 회화 복습하기** 녹음을 듣고 빈칸을 채워 써보세요. 🎧 02-1

### 회화1

A 你好!

　　_____!

B 你好!

　　_____!

A 再见!

　　_____!

B 再见!

　　_____!

### 회화2

A 早上好!

　　_____!

B 早上好! _____?

　　_____ ! Nǐ hǎo ma?

A 我很好! _____?

　　Wǒ hěn hǎo! Nǐ ne?

B _____, 谢谢。

　　Hái kěyǐ, _____.

Unit 02. 你好! 3

## 3. 듣기 연습하기 녹음을 듣고 다음 문제를 풀어보세요. 02-2

(1) 녹음을 듣고, 사진과 일치하면 ○, 틀리면 ✕를 표시하세요.

①
②
③

( )　　　　( )　　　　( )

(2) 녹음을 듣고 내용이 동일한 사진을 골라 ○ 표시하세요.

①
②
③

( )　　　　( )　　　　( )

## 4. 단어 복습하기 다음 중국어 단어와 한어병음을 연결해보세요.

(1) 早上　•　　　　　•　xièxie

(2) 谢谢　•　　　　　•　mèimei

(3) 他们　•　　　　　•　zǎoshang

(4) 妹妹　•　　　　　•　tāmen

## 5. 문법 복습하기 ▶ 다음 중국어 단어를 올바른 순서로 나열해보세요.

(1) 好   你   吗

→ _____ ?

(2) 很   大   中国

→ _____ 。

(3) 冷   早上   吗

→ _____ ?

(4) 爸爸   可以   还

→ _____ 。

(5) 好   早上

→ _____ !


## 6. 작문과 말하기 ▶ 실제 상황에 맞게 빈칸을 채운 후 옆 사람과 대화해 보세요.

A  你 _____ ?

B  我很好, _____ ?

A  _____ 。

# Unit 03 我叫朴信爱。

**1. 간체자 쓰기** 획순에 따라 써보세요.

| 叫 | 叫 | 叫 | 叫 | | | | | | |
|---|---|---|---|---|---|---|---|---|---|
| jiào | 叫 叫 叫 叫 叫 | | | | | | | | |

| 什 | 什 | 什 | 什 | | | | | | |
|---|---|---|---|---|---|---|---|---|---|
| shén | 什 什 什 什 | | | | | | | | |

| 么 | 么 | 么 | 么 | | | | | | |
|---|---|---|---|---|---|---|---|---|---|
| me | 么 么 么 | | | | | | | | |

| 名 | 名 | 名 | 名 | | | | | | |
|---|---|---|---|---|---|---|---|---|---|
| míng | 名 名 名 名 名 名 | | | | | | | | |

| 字 | 字 | 字 | 字 | | | | | | |
|---|---|---|---|---|---|---|---|---|---|
| zì | 字 字 字 字 字 字 | | | | | | | | |

| 是 | 是 | 是 | 是 | | | | | | |
|---|---|---|---|---|---|---|---|---|---|
| shì | 是 是 是 是 是 是 是 是 是 | | | | | | | | |

| 也 | 也 | 也 | 也 | | | | | | |
|---|---|---|---|---|---|---|---|---|---|
| yě | 也 也 也 | | | | | | | | |

## 2. 회화 복습하기 녹음을 듣고 빈칸을 채워 써보세요. 🎧 03-1

**회화1**

A  你叫什么 _____?

Nǐ jiào _____ míngzi?

B  我 _____ 朴信爱。

Wǒ jiào Piáo Xìn'ài.

A  你是 _____ 吗?

Nǐ shì Zhōngguórén ma?

B  _____, 我是韩国人。

Bú shì, wǒ shì _____ .

**회화2**

A  您贵姓?

Nín _____?

B  我 _____ 李, _____ 李立成。

Wǒ xìng Lǐ, jiào Lǐ Lìchéng.

A  _____。

Rènshi nín hěn gāoxìng.

B  我 _____ 很高兴。

Wǒ yě hěn gāoxìng.

3. 듣기 연습하기 녹음을 듣고 다음 문제를 풀어보세요. 🎧 03-2

(1) 녹음을 듣고, 사진과 일치하면 ○, 틀리면 ✕를 표시하세요.

①
(　　　)

②
(　　　)

③
(　　　)

(2) 녹음을 듣고 내용이 동일한 사진을 골라 ○ 표시하세요.

①
(　　　)

②
(　　　)

③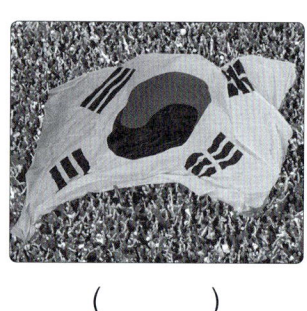
(　　　)

4. 단어 복습하기 다음 중국어 단어와 한어병음을 연결해보세요.

(1) 名字　·　　　　　　　·　rènshi

(2) 中国　·　　　　　　　·　gāoxìng

(3) 高兴　·　　　　　　　·　míngzi

(4) 认识　·　　　　　　　·　Zhōngguó

## 5. 문법 복습하기 다음 중국어 단어를 올바른 순서로 나열해보세요.

(1) 认识   你   高兴   很

➔ _____。

(2) 你   什么   名字   叫

➔ _____?

(3) 你   吗   中国人   是

➔ _____?

(4) 是   我   韩国人

➔ _____。

(5) 您   姓   贵

➔ _____?

## 6. 작문과 말하기 실제 상황에 맞게 빈칸을 채운 후 옆 사람과 대화해 보세요.

A 您贵姓?

B _____ 。

A 你是中国人吗?

B _____ 。

A 他是哪国人?

B _____ 。

# Unit 04 你吃什么?

**1. 간체자 쓰기** 획순에 따라 써보세요.

| 吃 | 吃 | 吃 | 吃 | | | | | | |
|---|---|---|---|---|---|---|---|---|---|
| chī | 吃吃吃吃吃 | | | | | | | | |

| 喝 | 喝 | 喝 | 喝 | | | | | | |
|---|---|---|---|---|---|---|---|---|---|
| hē | 喝喝喝喝喝喝喝喝喝喝 | | | | | | | | |

| 面 | 面 | 面 | 面 | | | | | | |
|---|---|---|---|---|---|---|---|---|---|
| miàn | 面面面面面面面面 | | | | | | | | |

| 包 | 包 | 包 | 包 | | | | | | |
|---|---|---|---|---|---|---|---|---|---|
| bāo | 包包包包包 | | | | | | | | |

| 这 | 这 | 这 | 这 | | | | | | |
|---|---|---|---|---|---|---|---|---|---|
| zhè | 这这这这这这 | | | | | | | | |

| 汉 | 汉 | 汉 | 汉 | | | | | | |
|---|---|---|---|---|---|---|---|---|---|
| hàn | 汉汉汉汉汉 | | | | | | | | |

| 语 | 语 | 语 | 语 | | | | | | |
|---|---|---|---|---|---|---|---|---|---|
| yǔ | 语语语语语语语语 | | | | | | | | |

## 2. 회화 복습하기   녹음을 듣고 빈칸을 채워 써보세요. 04-1

### 회화1

A 你吃 _____ ?

    Nǐ _____ shénme?

B 我吃 _____ , _____ 很好吃。

    Wǒ chī miànbāo, miànbāo hěn _____ .

A 你 _____ 咖啡?

    Nǐ hē bu hē kāfēi?

B 我不喝咖啡，咖啡 _____ 。

    Wǒ _____ kāfēi, kāfēi hěn kǔ.

### 회화2

A _____ ?

    Zhè shì shénme?

B 这是 _____ ，我学汉语。

    Zhè shì Hànyǔ shū, wǒ _____ Hànyǔ.

B 学汉语 _____ ?

    Xué Hànyǔ zěnmeyàng?

A 学汉语很有意思。

    Xué Hànyǔ _____ .

## 3. 듣기 연습하기 녹음을 듣고 다음 문제를 풀어보세요. 🎧 04-2

(1) 녹음을 듣고, 사진과 일치하면 ◯, 틀리면 ✕를 표시하세요.

①
(       )

②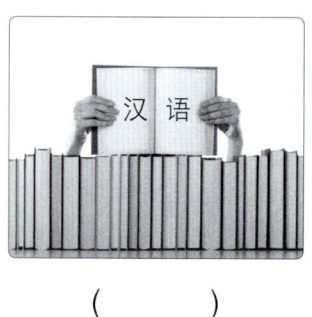
(       )

③
(       )

(2) 녹음을 듣고 내용이 동일한 사진을 골라 ◯ 표시하세요.

①
(       )

②
(       )

③
(       )

## 4. 단어 복습하기 다음 중국어 단어와 한어병음을 연결해보세요.

(1) 漂亮　▪　　　　　　　　　　▪ piàoliang

(2) 好喝　▪　　　　　　　　　　▪ chuān

(3) 买　　▪　　　　　　　　　　▪ mǎi

(4) 穿　　▪　　　　　　　　　　▪ hǎohē

## 5. 문법 복습하기 다음 중국어 단어를 올바른 순서로 나열해보세요.

(1) 很  那个  漂亮

→ _____。

(2) 咖啡  你  喝不喝

→ _____?

(3) 很  学  有意思  汉语

→ _____。

(4) 很  写  汉字  难

→ _____。

(5) 他  学校  去  不

→ _____。

## 6. 작문과 말하기 실제 상황에 맞게 빈칸을 채운 후 옆 사람과 대화해 보세요.

A 你喝不喝咖啡?

B _____。

A 学汉语怎么样?

B _____。

A 西瓜好吃吗?

B _____。

# Unit 05 我喜欢看电影。

**1. 간체자 쓰기** 획순에 따라 써보세요.

| 看 | 看 | 看 | 看 | | | | | | |
|---|---|---|---|---|---|---|---|---|---|
| kàn | 看看看看看看看看 | | | | | | | | |

| 电 | 电 | 电 | 电 | | | | | | |
|---|---|---|---|---|---|---|---|---|---|
| diàn | 丨电电电电 | | | | | | | | |

| 影 | 影 | 影 | 影 | | | | | | |
|---|---|---|---|---|---|---|---|---|---|
| yǐng | 影影影影影影影影影影影影影影影 | | | | | | | | |

| 起 | 起 | 起 | 起 | | | | | | |
|---|---|---|---|---|---|---|---|---|---|
| qǐ | 起起起起起起起起起起 | | | | | | | | |

| 吧 | 吧 | 吧 | 吧 | | | | | | |
|---|---|---|---|---|---|---|---|---|---|
| ba | 吧吧吧吧吧吧吧 | | | | | | | | |

| 爱 | 爱 | 爱 | 爱 | | | | | | |
|---|---|---|---|---|---|---|---|---|---|
| ài | 爱爱爱爱爱爱爱爱爱爱 | | | | | | | | |

| 太 | 太 | 太 | 太 | | | | | | |
|---|---|---|---|---|---|---|---|---|---|
| tài | 太大大太 | | | | | | | | |

## 2. 회화 복습하기 녹음을 듣고 빈칸을 채워 써보세요. 🎧 05-1

### 회화1

A 你的 _____ 是什么?

Nǐ de àihào shì shénme?

B 我喜欢 _____, 你呢?

Wǒ xǐhuan kàn diànyǐng, _____ ?

A 我非常喜欢 _____ , 你喜欢吗?

Wǒ _____ xǐhuan zhàoxiàng, nǐ xǐhuan ma?

B 我也很喜欢, 我们 _____ 吧。

Wǒ _____ xǐhuan, wǒmen yìqǐ zhàoxiàng ba.

### 회화2

A 你喜欢哪个 _____?

Nǐ xǐhuan _____ jìjié?

B 我喜欢冬天, 冬天 _____, 你呢?

Wǒ xǐhuan dōngtiān, dōngtiān xià xuě hěn _____, nǐ ne?

A 冬天 _____, 我不太喜欢。我 _____ 春天。

Dōngtiān tài lěng le, wǒ _____ xǐhuan. Wǒ bǐjiào xǐhuan _____.

B 我也喜欢春天, 春天 _____。

Wǒ yě xǐhuan chūntiān, chūntiān hěn nuǎnhuo.

## 3. 듣기 연습하기 녹음을 듣고 다음 문제를 풀어보세요. 🎧 05-2

(1) 녹음을 듣고, 사진과 일치하면 ○, 틀리면 ✕를 표시하세요.

①
（　　）

②
（　　）

③
（　　）

(2) 녹음을 듣고 내용이 동일한 사진을 골라 ○ 표시하세요.

①
（　　）

②
（　　）

③
（　　）

## 4. 단어 복습하기 다음 중국어 단어와 한어병음을 연결해보세요.

(1) 唱歌　·　　　　　·　chànggē

(2) 电脑游戏　·　　　　·　chūntiān

(3) 春天　·　　　　　·　diànnǎo yóuxì

(4) 刮风　·　　　　　·　guā fēng

## 5. 문법 복습하기 다음 중국어 단어를 올바른 순서로 나열해보세요.

(1) 很   凉快   秋天

   → _____。

(2) 怎么样   天气   春天

   → _____?

(3) 你   什么   喜欢   运动

   → _____?

(4) 比较   我   春天   喜欢

   → _____。

(5) 是   什么   你   爱好   的

   → _____?

## 6. 작문과 말하기 실제 상황에 맞게 빈칸을 채운 후 옆 사람과 대화해 보세요.

A 你的爱好是什么?

B _____。

A 你喜欢什么?

B 我喜欢 _____, 不喜欢 _____。

A 你喜欢哪个季节?

B 我喜欢 _____。

# Unit 06 你家有几口人?

**1. 간체자 쓰기** 획순에 따라 써보세요.

| 有 | 有 | 有 | 有 | | | | | | |
|---|---|---|---|---|---|---|---|---|---|
| yǒu | 有 有 有 有 有 有 | | | | | | | | |

| 几 | 几 | 几 | 几 | | | | | | |
|---|---|---|---|---|---|---|---|---|---|
| jǐ | 几 几 | | | | | | | | |

| 口 | 口 | 口 | 口 | | | | | | |
|---|---|---|---|---|---|---|---|---|---|
| kǒu | 口 口 口 | | | | | | | | |

| 都 | 都 | 都 | 都 | | | | | | |
|---|---|---|---|---|---|---|---|---|---|
| dōu | 都 都 都 都 者 者 者 者 都 都 | | | | | | | | |

| 和 | 和 | 和 | 和 | | | | | | |
|---|---|---|---|---|---|---|---|---|---|
| hé | 和 千 千 和 和 和 和 | | | | | | | | |

| 做 | 做 | 做 | 做 | | | | | | |
|---|---|---|---|---|---|---|---|---|---|
| zuò | 做 亻 亻 亻 佔 佔 做 做 做 | | | | | | | | |

| 多 | 多 | 多 | 多 | | | | | | |
|---|---|---|---|---|---|---|---|---|---|
| duō | 多 多 多 多 多 多 | | | | | | | | |

## 2. 회화 복습하기 녹음을 듣고 빈칸을 채워 써보세요. 🎧 06-1

### 회화1

A 你家有 _____？

Nǐ jiā _____ jǐ kǒu rén?

B 我家有 _____。

Wǒ jiā yǒu wǔ kǒu rén.

A 都有什么人？

Dōu yǒu _____?

B _____、_____、哥哥、妹妹和我。

Bàba、māma、gēge、mèimei _____ wǒ.

### 회화2

A 你哥哥 _____？

Nǐ _____ zuò shénme gōngzuò?

B 他不工作，他是 _____。

Tā bù gōngzuò, tā shì dàxuéshēng.

A _____ _____？

Tā jīnnián duōdà?

B 今年 _____岁。

Jīnnián èrshísān _____.

## 3. 듣기 연습하기 녹음을 듣고 다음 문제를 풀어보세요. 06-2

(1) 녹음을 듣고, 사진과 일치하면 ○, 틀리면 ✕를 표시하세요.

①
(      )

②
(      )

③
(      )

(2) 녹음을 듣고 내용이 동일한 사진을 골라 ○ 표시하세요.

①
(      )

②
(      )

③
(      )

## 4. 단어 복습하기 다음 중국어 단어와 한어병음을 연결해보세요.

(1) 件 ▪　　　　　　　　　　▪ dǎoyóu

(2) 导游 ▪　　　　　　　　　▪ yuánzhūbǐ

(3) 工作 ▪　　　　　　　　　▪ gōngzuò

(4) 圆珠笔 ▪　　　　　　　 ▪ jiàn

## 5. 문법 복습하기 ▸ 다음 중국어 단어를 올바른 순서로 나열해보세요.

(1) 我爸爸　医生　是　不

→ _____ 。

(2) 你家　有　人　口　几

→ _____ ?

(3) 我　铅笔　没有

→ _____ 。

(4) 你　多大　今年

→ _____ ?

(5) 做　什么　你妈妈　工作

→ _____ ?

## 6. 작문과 말하기 ▸ 실제 상황에 근거하여 빈칸에 알맞은 말을 넣어보세요.

我家有 _____ 口人, _____ 和我。

我今年 _____ 岁。我(在) _____ 工作。

我是 _____ 。

# Unit 07  你的生日是几月几号？

**1. 간체자 쓰기** 획순에 따라 써보세요.

| 月 | 月 | 月 | 月 | | | | | | |
|---|---|---|---|---|---|---|---|---|---|
| yuè | 丿 刀 月 月 | | | | | | | | |

| 号 | 号 | 号 | 号 | | | | | | |
|---|---|---|---|---|---|---|---|---|---|
| hào | 口 口 号 号 号 | | | | | | | | |

| 今 | 今 | 今 | 今 | | | | | | |
|---|---|---|---|---|---|---|---|---|---|
| jīn | 人 人 今 今 | | | | | | | | |

| 天 | 天 | 天 | 天 | | | | | | |
|---|---|---|---|---|---|---|---|---|---|
| tiān | 一 二 チ 天 | | | | | | | | |

| 星 | 星 | 星 | 星 | | | | | | |
|---|---|---|---|---|---|---|---|---|---|
| xīng | 丨 冂 日 旦 早 星 星 星 | | | | | | | | |

| 期 | 期 | 期 | 期 | | | | | | |
|---|---|---|---|---|---|---|---|---|---|
| qī | 一 十 甘 廿 苴 其 其 其 期 期 期 | | | | | | | | |

| 祝 | 祝 | 祝 | 祝 | | | | | | |
|---|---|---|---|---|---|---|---|---|---|
| zhù | 祝 祝 祝 祝 祝 祝 祝 祝 | | | | | | | | |

## 07 당신의 생일은 몇 월 며칠이에요?

**2. 회화 복습하기** 녹음을 듣고 빈칸을 채워 써보세요. 🎧 07-1

### 회화1

A 今天是 _____?

Jīntiān shì jǐ yuè jǐ hào?

B 十月一号。今天是中国的 _____。

Shí _____ yī _____ . Jīntiān shì Zhōngguó de Guóqìng Jié.

A 今天 _____?

Jīntiān xīngqī jǐ?

B 星期六。

_____ .

### 회화2

A 你的生日是几月几号？

Nǐ de shēngrì shì _____ ?

B _____ 。

Bā yuè shí hào.

A 噢，今天是你的生日，_____ 。

Ō, jīntiān shì nǐ de _____, zhù nǐ shēngrì kuàilè.

B 谢谢。

Xièxie.

Unit 07. 你的生日是几月几号? 23

**3.** 듣기 연습하기 녹음을 듣고 다음 문제를 풀어보세요. 07-2

(1) 녹음을 듣고, 사진과 일치하면 ○, 틀리면 ✕를 표시하세요.

①
( )

②
( )

③
( )

(2) 녹음을 듣고 내용이 동일한 사진을 골라 ○ 표시하세요.

①
( )

②
( )

③
( )

**4.** 단어 복습하기 다음 중국어 단어와 한어병음을 연결해보세요.

(1) 什么时候 ・　　　　　　・ zhàoxiàngjī

(2) 星期三　 ・　　　　　　・ shénme shíhou

(3) 明天　　 ・　　　　　　・ xīngqīsān

(4) 照相机　 ・　　　　　　・ míngtiān

## 5. 문법 복습하기 — 다음 중국어 단어를 올바른 순서로 나열해보세요.

(1) 什么时候　你　中国　去

→ _____ ?

(2) 几月　几号　你的生日　是

→ _____ ?

(3) 祝　生日　你　快乐

→ _____ !

(4) 星期几　明天　是

→ _____ ?

(5) 下星期五　有空　你　吗

→ _____ ?

## 6. 작문과 말하기 — 실제 상황에 근거하여 빈칸에 알맞은 말을 넣어보세요.

我的生日是 _____ 月 _____ 号。

我是 _____ 年出生的。

我属 _____ 。

**단어** 出生 chūshēng 동 출생하다

# Unit 08 现在几点？

**1. 간체자 쓰기** 획순에 따라 써보세요.

| 现 | xiàn |
| 在 | zài |
| 点 | diǎn |
| 分 | fēn |
| 半 | bàn |
| 要 | yào |
| 想 | xiǎng |

## 2. 회화 복습하기 녹음을 듣고 빈칸을 채워 써보세요. 🎧 08-1

### 회화1

A _____ ?

Xiànzài jǐ diǎn?

B ____ 点 _____ 分。

Sān diǎn èrshí fēn.

A 银行 _____ ?

Yínháng jǐ diǎn guānmén?

B 晚上 _____ 。

Wǎnshang wǔ diǎn bàn.

### 회화2

A 周末 _____ ?

Zhōumò nǐ yào zuò shénme?

B 我 _____ 百货商店 _____ ，我们一起去吧。

Wǒ xiǎng qù bǎihuòshāngdiàn mǎi yīfu, wǒmen _____ qù ba.

A 好啊，几点 _____ ?

Hǎo a, jǐ diǎn jiànmiàn?

B _____ 见面吧。

Jiǔ diǎn yí kè jiànmiàn ba.

现在几点?

## 3. 듣기 연습하기 ▶ 녹음을 듣고 다음 문제를 풀어보세요. 🎧 08-2

(1) 녹음을 듣고, 사진과 일치하면 ○, 틀리면 ✕를 표시하세요.

① 　② 　③

(　　)　　　　(　　)　　　　(　　)

(2) 녹음을 듣고 내용이 동일한 사진을 골라 ○ 표시하세요.

① 　② 　③

(　　)　　　　(　　)　　　　(　　)

## 4. 단어 복습하기 ▶ 다음 중국어 단어와 한어병음을 연결해보세요.

(1) 医院　·　　　　　　·　xǐshǒujiān

(2) 上网　·　　　　　　·　shàngwǎng

(3) 洗手间　·　　　　　·　diǎn

(4) 点　·　　　　　　　·　yīyuàn

## 5. 문법 복습하기 다음 중국어 단어를 올바른 순서로 나열해보세요.

(1) 几　　银行　　点　　关门

→ _____?

(2) 我们　　见面　　九点　　吧　　一刻

→ _____。

(3) 我　　玩一玩　　想　　香港　　去

→ _____。

(4) 要　　买　　我　　智能手机

→ _____。

(5) 做　　周末　　你　　什么　　要

→ _____?

## 6. 작문과 말하기 친구에게 약속 시간과 장소를 메모로 남겨보세요.

To: _____

我们 _____ 见面吧。

我想去 _____ 。不见不散!

From: _____

**단어** 不见不散 bú jiàn bú sàn 만날 때까지 기다린다

# Unit 09 多少钱?

**1. 간체자 쓰기** 획순에 따라 써보세요.

| 件 jiàn |
| 少 shǎo |
| 钱 qián |
| 块 kuài |
| 卖 mài |
| 给 gěi |
| 找 zhǎo |

## 2. 회화 복습하기 녹음을 듣고 빈칸을 채워 써보세요. 🎧 09-1

### 회화1

A 这件毛衣 _____ ?

Zhè _____ máoyī duōshao qián?

B _____ 块。

Èrbǎi liùshí _____.

A 太贵了, _____ 一点儿吧。

Tài _____ le, piányi yìdiǎnr ba.

B 好的, 二百三十块, _____ ?

Hǎo de, _____ kuài, zěnmeyàng?

### 회화2

A 苹果 _____ ?

Píngguǒ zěnme mài?

B 一斤四块, ____ 甜 ____ 便宜, 你 _____ 吧。

Yì _____ sì kuài, yòu tián yòu _____, nǐ chángchang ba.

A 买 _____ , 给你十块。

Mǎi liǎng jīn, _____ shí kuài.

B _____ 两块, 谢谢。

Zhǎo nǐ liǎng kuài, xièxie.

多少钱?

## 3. 듣기 연습하기 녹음을 듣고 다음 문제를 풀어보세요. 🎧 09-2

(1) 녹음을 듣고, 사진과 일치하면 ○, 틀리면 ✗를 표시하세요.

①
( )

②
( )

③
( )

(2) 녹음을 듣고 내용이 동일한 사진을 골라 ○ 표시하세요.

①
( )

②
( )

③
( )

## 4. 단어 복습하기 다음 중국어 단어와 한어병음을 연결해보세요.

(1) 找　　　　　·　　　　　·　piányi

(2) 便宜　　　·　　　　　·　zhǎo

(3) 味道　　　·　　　　　·　suān

(4) 酸　　　　·　　　　　·　wèidao

## 5. 문법 복습하기 — 다음 중국어 단어를 올바른 순서로 나열해보세요.

(1) 苹果　多少钱　一斤

→ _____ ?

(2) 件　毛衣　这　多少钱

→ _____ ?

(3) 外边　下雨　又　又　刮风

→ _____ 。

(4) 太　了　天气　冷

→ _____ 。

(5) 一点儿　便宜　吧

→ _____ 。

## 6. 작문과 말하기 — 실제 상황에 맞게 빈칸을 채운 후 옆 사람과 대화해 보세요.

A　你要什么?

B　我要买 _____ 。_____ ?

A　一斤 _____ 。

B　_____ 吧。

A　八块怎么样?

B　好，我要两斤。

1斤/10元

# Unit 10 百货商店在哪儿?

**1. 간체자 쓰기** 획순에 따라 써보세요.

| 请 | qǐng |
| 问 | wèn |
| 哪 | nǎ |
| 走 | zǒu |
| 往 | wǎng |
| 前 | qián |
| 到 | dào |

## 2. 회화 복습하기 녹음을 듣고 빈칸을 채워 써보세요. 🎧 10-1

### 회화1

A ＿＿＿＿＿＿，百货商店＿＿＿＿＿＿＿？

　Qǐng wèn, bǎihuòshāngdiàn zài nǎr?

B 在北京大学 ＿＿＿＿＿＿ 。

　Zài ＿＿＿＿＿＿＿ fùjìn.

A 北京大学 ＿＿＿＿＿＿＿？

　Běijīng Dàxué zěnme zǒu?

B 往前走, ＿＿＿＿＿＿＿＿＿＿ , 往右拐。

　Wǎng qián zǒu, dào shízìlùkǒu, ＿＿＿＿＿＿ .

### 회화2

A 机场 ＿＿＿＿＿＿＿？

　Jīchǎng zěnme qù?

B 要坐机场大巴。

　Yào zuò jīchǎng ＿＿＿＿＿ .

A ＿＿ 这儿远吗？要 ＿＿＿＿＿＿＿？

　Lí zhèr yuǎn ma? Yào duōcháng shíjiān?

B ＿＿＿＿＿＿ , 得一个小时。

　Bǐjiào yuǎn, ＿＿＿＿ yí ge xiǎoshí.

## 3. 듣기 연습하기 녹음을 듣고 다음 문제를 풀어보세요. 🎧 10-2

(1) 녹음을 듣고, 사진과 일치하면 ○, 틀리면 ×를 표시하세요.

① ② ③

( )　　　( )　　　( )

(2) 녹음을 듣고 내용이 동일한 사진을 골라 ○ 표시하세요.

①  ②  ③

( )　　　( )　　　( )

## 4. 단어 복습하기 다음 중국어 단어와 한어병음을 연결해보세요.

(1) 远　　　　　　　　　　・　shízìlùkǒu

(2) 往　　　　　　　　　　・　yuǎn

(3) 十字路口　　　　　　　・　wǎng

(4) 拐　　　　　　　　　　・　guǎi

## 5. 문법 복습하기 ▶ 다음 중국어 단어를 올바른 순서로 나열해보세요.

(1) 离   多长时间   机场   要

→ _____?

(2) 往   一直   走   前

→ _____。

(3) 我   坐   要   去   公共汽车

→ _____。

(4) 洗手间   在   就   那儿

→ _____。

(5) 书店   附近   在   百货商店

→ _____。

## 6. 작문과 말하기 ▶ 실제 상황에 맞게 빈칸을 채운 후 옆 사람과 대화해 보세요.

A 新华书店 _____ 去?

B 坐 _____ ，在上海饭店下车，_____ 拐，过马路就到了。

A 坐几路车?

B _____ 。

A 到新华书店 _____ ?

B 15分钟。

**단어** 下车 xiàchē 하차하다 | 路 lù 명 (교통 수단의) 노선